Harald Hauswald / Lutz Rathenow
OST-BERLIN

Harald Hauswald / Lutz Rathenow

OST-BERLIN

Mit einem Grußwort von Jan Josef Liefers
und einem Essay von Ilko-Sascha Kowalczuk

Jaron Verlag

Berliner Landeszentrale
für politische Bildung

BERLIN

Sonderausgabe der Berliner Landeszentrale für politische Bildung
– Nicht zum Verkauf bestimmt
3. Auflage dieser Ausgabe 2026
Jaron Verlag GmbH, Erdmannstr. 6, 10827 Berlin
info@jaron-verlag.de, www.jaron-verlag.de
Umschlaggestaltung: Bauer+Möhring, Berlin, unter Verwendung
eines Fotos von Harald Hauswald
Satz und Layout: Prill Partners|producing, Barcelona
Lithografie: Bild1Druck GmbH, Berlin
Druck und Bindung: Westermann Druck Zwickau GmbH, Zwickau

ISBN 978-3-89773-085-4

Jan Josef Liefers

Singende, klingende Fotografien
Grußwort

Hätte ich dieses Buch 1989 schon besessen, hätte ich mir eine Menge Arbeit erspart. Als ich nach dem Mauerfall von Berlin nach Hamburg zog, lautete die meistgestellte Frage: „Jetzt erzähl mal, wie war es denn nun wirklich, in der DDR zu leben?" Freundlich und geduldig holte ich dann zu langen Erklärungen aus, die mir selber nie ganz schlüssig schienen, ich verkopfte es zu sehr oder verrannte mich in Widersprüche, erwischte mich manchmal sogar dabei, Dinge zu verteidigen, die ich niemals verteidigen wollte. Alles nur, weil ich unbedingt differenzieren wollte, statt zu vereinfachen, das war ich den Brüdern und Schwestern im Westen und mir selbst doch schuldig. Immer schön ausmalen, bloß kein Schwarz-Weiß!

Und nun ist es ausgerechnet ein Fotobuch in Schwarz-Weiß, das jene Frage von damals so viel besser beantwortet, als ich es vermochte. Wer dieses Buch durchblättert, schaut nicht nur gute Fotos an, er beginnt, sie zu riechen, zu schmecken und zu hören. Berühmtheiten wird man auf ihnen kaum finden. Auch bilden sie keine glamourösen Personen oder Ereignisse ab. Trotzdem erkenne ich auf jedem Foto etwas oder jemanden wieder, der oder das mir so oder so ähnlich tausendfach begegnete, damals, als ich ein Kind war, ein Jugendlicher, ein junger Mann.

Die DDR gab es dreimal, sagte meine Oma immer: einmal, wie sie in der Zeitung stand, einmal, wie sie wirklich war, und einmal, wie man sie sich gewünscht hätte. Hauswald hat unermüdlich die zweite DDR fotografiert. Und manchmal ahnt man in seinen Bildern etwas von der dritten. Aber die wurde bekanntlich nie Wirklichkeit.

Als ich Mitte der 2000er-Jahre noch mal einen Versuch unternahm, über meine Kindheit und Jugend in der DDR öffentlich zu reden, tat ich das zusammen mit meiner Band in einem Bühnenprogramm namens „Soundtrack meiner Kindheit". Anhand von Rockmusik aus dem Osten konnte ich meine Geschichten endlich so erzählen, wie ich es wollte – in vielen Facetten und mit dem nötigen Humor, ohne den Geschichten von früher leicht nerven. Es gelang mir damals, Harald Hauswald einige seiner Fotos abzuschwatzen, um sie auf die Rückwände der Bühnen zu projizieren. Sie passten nicht nur zu dem untergegangenen Land, an das ich mich erinnerte. Sondern Hauswald – genau zehn Jahre älter als ich – hatte bereits verstanden, was er da fotografierte, während ich damals nur vor mich hin guckte.

Passen Sie auf! Sie werden sich von diesem Buch animiert fühlen, Ihre eigenen alten Fotoalben herauszukramen und Ihre Erinnerungen abzugleichen – sofern Sie denn das nötige Alter haben. Und wenn nicht, seien Sie froh, dass Sie noch so jung sind, und genießen einfach die kleine Zeitreise mit Harald Hauswalds singenden, klingenden Fotografien!

Die Geschichte eines Kultbuchs

Über drei Jahrzehnte „Ost-Berlin"

Für den Jaron Verlag war es nachgerade eine Sternstunde, als kurz nach der Jahrtausendwende der Schriftsteller Lutz Rathenow und der Fotograf Harald Hauswald anfragten, ob wir nicht ihr seit Langem vergriffenes Buch über Ost-Berlin neu auflegen wollten. Die spektakulären Aufnahmen Hauswalds und der luzide Text Rathenows ließen uns nicht lange zögern. Unter dem Titel „Ost-Berlin – Leben vor dem Mauerfall" veranstalteten wir 2005 eine Neuausgabe, die ganz auf das touristische Publikum ausgerichtet war – und schon bald atemberaubende Verkaufszahlen erzielte.

Einst als politische Kampfschrift intendiert, war „Ost-Berlin" zum publizistischen Zeugen einer Ära geworden, die mit der friedlichen Revolution in der DDR ihr unweigerliches Ende gefunden hatte. Zu einem Buch, das ein authentisches Bild einer untergegangenen Welt vermittelte, die vielen jungen Lesern angesichts der rasanten Veränderungen seit 1990 kaum mehr vorstellbar war. Zu einem Buch aber auch, das jene, die diesem Staat nachtrauerten, als die Herabwürdigung von etwas Verlorengegangenem empfanden. Nun, gleichsam in sicherem Abstand zu dem verschwundenen Staat, stieß das Buch fruchtbare Diskussionen an.

Entstanden aber war „Ostberlin – Die andere Seite einer Stadt in Texten und Bildern", wie die Erstausgabe von 1987 betitelt war, in einer Zeit, in der offene Debatten unmöglich waren. Zwei regimekritische Künstler hatten sich vorgenommen, dem offiziellen Bild der Hauptstadt der DDR eine ungeschminkte Darstellung des Alltagslebens entgegenzustellen. Gemein war beiden, dass sie das Randständige, das Nonkonforme allemal mehr interessierte als das staatlich Sanktionierte, dass sie die Wunden ihrer Stadt zeigen wollten, anstatt sie zu verbergen.

Dass dieses Buch nicht in dem Staat erscheinen durfte, den es dekuvrierte, verwundert nicht. Verlegt wurde es in der Bundesrepublik. So erfolglos die Staatsmacht in ihrem Bemühen war, das Erscheinen des „Machwerks" zu verhindern, so nachhaltig bemühte sie sich danach darum, das Buch als einen „Brei von Halbwahrheiten und Verleumdungen" abzuqualifizieren. Den Umgang des Regimes mit den beiden Künstlern zeichnet auf sehr eindrückliche Weise Ilko-Sascha Kowalczuk, einer der führenden Historiker zur Geschichte der DDR, in seinem Essay „Ein Buch und seine Geschichten" nach. Ihm sei ganz herzlich dafür gedankt, dass er seine „Erinnerungen und Akteneinsichten" für uns zu Papier gebracht hat.

„Ein Berlin-Buch, das die Chance hat, auch in 50 Jahren noch wichtig zu sein", schrieb die Tageszeitung Die Welt nach Erscheinen der Erstausgabe. Tatsächlich wuchs das Interesse an dem Buch in den letzten Jahren zusehends. 2017 gossen wir das legendäre Buch über das verschwundene Ost-Berlin abermals in eine neue, zeitgemäße Form. Seither kommt es als großformatiger Bildband daher, der das unvergleichliche Bildmaterial von Hauswald akzentuiert und zugleich Rathenows Text in der rekonstruierten Ursprungsfassung – im Laufe der Jahre war manches gestrichen, anderes umformuliert worden – als in sich geschlossene Einheit präsentiert.

Der überwältigende Erfolg dieser exquisit ausgestatteten Ausgabe motivierte uns, „Ost-Berlin" 2019 nochmals zu erweitern. Rund 30 Juwele aus dem Hauswald-Archiv wurden der Bildstrecke hinzugefügt. Und der bekannte Künstler Jan Josef Liefers, dem an dieser Stelle ebenfalls herzlich gedankt sei, steuerte ein sehr persönlich gehaltenes Grußwort bei.

Das Werk hat seinen Wert über die Zeiten bewahrt – als „ethnologische(r) Blick auf die verkommene Halbstadt und die Realität der Diktatur", wie Kowalczuk formuliert. Das Buch ist aber zugleich nach wie vor eine hinreißende „Liebeserklärung an Ost-Berlin".

Der Verlag

Ilko-Sascha Kowalczuk

Ein Buch und seine Geschichten
Erinnerungen und Akteneinsichten

Erinnerungen

Ich weiß nicht, ob es stimmt, aber häufig wird gesagt: Berliner ist man nicht, Berliner wird man. Harald Hauswald und Lutz Rathenow werden das gern hören, vielleicht. Der Fotograf kam 1978 aus der sächsischen und der Schriftsteller 1977 aus der thüringischen Provinz nach Ost-Berlin. Ost-Berlin war damals alles Mögliche, nur keine Metropole, schon gar keine Weltstadt – nicht mal eine halbe. Der ganze Osten war provinziell, auch Ost-Berlin. Und doch war die westlichste Hauptstadt des sowjetischen Imperiums anders als Leipzig oder Dresden, Halle oder Magdeburg und ziemlich anders als Rostock, Cottbus oder Gera. In der DDR-Hauptstadt wohnten etwa doppelt so viele Menschen wie in der zweitgrößten Stadt der größten DDR der Welt, in Leipzig. Zu den Einwohnern gehörten auch einige westliche Korrespondenten, Diplomaten und Botschaftsangehörige. Man sah sie kaum, aber einige wenige von ihnen waren wichtig als Anlaufstellen für jene Ostler, die im Westen etwas über die DDR verkünden wollten. In Ost-Berlin befanden sich vor allem die Zentren der Macht: die SED-Zentrale, die Befehlsstellen von Polizei, Justiz, Volksbildung, Gesundheitswesen und Staatssicherheit, die Kommandohöhe der Armee lag am Stadtrand. Hier waren die größten Neubausiedlungen Mitteleuropas errichtet worden – der Volksmund nannte die infrastrukturelle Einöde „Arbeiterschließfächer" oder, noch bösartiger, „Fickzellen mit Fernheizung". Die Altbausubstanz war in Ost-Berlin ebenso heruntergekommen wie in fast allen Städten und Städteleins in der DDR. Die Nachkriegszeit begann erst nach 1989 zu enden. Das Wichtigste an Ost-Berlin aber war: Es grenzte an den Westen, nicht nur an West-Berlin, sondern an den Westen schlechthin.

Ost-Berlin zog an, nicht nur Hauswald und Rathenow – Tausende junger Leute kamen alljährlich hierher und tauchten ab, unter, auf im Prenzlauer Berg, in Friedrichshain, in Mitte und anderswo. Die Anonymität war das, was Ost-Berlin am meisten mit richtigen Großstädten verband. Anonymität war auch in der Diktatur möglich. Leute wie Hauswald und Rathenow freilich waren zu frech, um anonym vor sich hin leben zu können. Der Staat hatte sie im Visier, auch weil hier besonders viele Menschen aus ganz unterschiedlichen Gründen offiziell oder inoffiziell, sichtbar oder konspirativ dem SED-Staat dienten, ihn mit nützlichen und unnützen Informationen versorgten.

Dieses Buch, erstmals 1987 im Münchner Piper Verlag erschienen, wird schon lange als „Kultbuch" bezeichnet. Es ist gut, dass das mal jemand gesagt hat. Vielleicht hat Lutz Rathenow diese Bezeichnung selbst in Umlauf gebracht. Zuzutrauen wäre es ihm, so wie er in den 1980er-Jahren zuweilen Nachrichten erfand und sie an westliche Presseagenturen oder bundesdeutsche Redaktionen lancierte, um in seinem Land, der DDR, etwas zu bewegen. Eine damals durchaus umstrittene Praxis, die ihm Ärger auch mit seinen politischen Freunden in der DDR einbrachte. Aber wirkungsvoll war sie dennoch. Kaum jemand verfügte in den 1980er-Jahre über ein derart dichtes Kommunikationsnetz zu westlichen Journalisten wie Rathenow. Er war der SED ein Dorn im Auge. Am meisten nahm sie ihm wohl übel, dass er trotz wiederholter Angebote gar nicht daran dachte, die DDR für immer zu verlassen. Im Gegenzug verhinderte sie, dass er besuchsweise oder in künstlerischen Angelegenheiten für ein paar Tage in den Westen durfte. Unentwegt nervte Rathenow SED-Funktionäre, Kulturfunktionäre, Polizei- und Stasioffiziere mit Einladungen, die er aus dem Westen erhalten hatte. Ernste, freche, satirische Eingaben von ihm landeten auf den Schreibtischen von Erich Honecker und Erich Mielke, noch viel mehr auf jenen untergeordneter Chargen. Erst im Mai 1989 durfte Rathenow einmal ins neutrale Österreich fahren, um einen Preis entgegenzunehmen. Diese Reise nutzte er zu einem Abstecher nach West-Berlin. Die SED-Genossen waren nicht amüsiert.

Harald Hauswald schrieb nicht, er fotografierte „nur". In den Westen durfte er zweimal. Im Oktober 1988 ließ man ihn zum siebzigsten Geburtstag seines Vaters nach Süddeutschland fahren. Dort wurde Hauswald prompt „krank" und verlängerte seinen Aufenthalt eigenmächtig um eine Woche, die er in West-Berlin verbrachte. Im Sommer 1989 durfte er nochmals dorthin reisen, die meiste Zeit verbrachte er nun in der Türkei. Ihn mochten die Genossen ebenfalls nicht – seine Fotos ließen jene Zuversicht vermissen, die die SED-Oberen unentwegt in die Welt hinaustrompeteten. Er dokumentierte eine Realität, die weder vorgesehen war noch akzeptiert wurde. Hauswalds fotografisches Werk zertrümmerte die jämmerlichen SED-Propagandabilder wortlos, aber bildmächtig. Noch heute erschrickt man, obwohl man selbst in den Ruinen gelebt hatte, zuweilen beim Betrachten seiner Fotos: Da habe ich wirklich gelebt?

Das „Kultbuch" von Rathenow und Hauswald war so kultig, dass es bis auf ein paar Szenetypen sowie Stasi- und SED-Funktionäre, die sich berufsmäßig mit ihm zu beschäftigen hatten, in der DDR und Ost-Berlin praktisch niemand kannte. Natürlich, viele werden davon gehört haben: Das bundesdeutsche Fernsehen berichtete einige Minuten darüber, ausführlicher einige westliche Radiosender. Aber so etwas hinterlässt kaum Spuren. Von den zahlreichen Berichten in bundesdeutschen Zeitungen bekamen im Osten nur wenige etwas mit. Einige Lesungen und Ausstellungen, meist in Kirchenräumen, viele verhindert oder verboten, konnten kaum daran etwas ändern, dass das „Kultbuch" im Osten weithin unbekannt blieb. In der Bundesrepublik sind im ersten Jahr etwa 3300 Exemplare verkauft worden, von denen einige in die DDR gelangten – dann war die Erstauflage vergriffen, und es dauerte bis weit ins Jahr 1989 hinein, bis eine kleine bibliophile und veränderte Neuausgabe im Dortmunder Harenberg Verlag herauskam. Diese hinterließ nur wenig Spuren, kaum jemand weiß, dass es sie überhaupt gab. Alles änderte sich schlagartig, als 1990 bei Basisdruck, einem von Oppositionellen

gegründeten Verlag, die erste DDR-Ausgabe herauskam. Das Munkeln hörte auf. Nun konnten Ost-Berliner, wenn sie wollten, das Buch über ihre Teilstadt, die sich gerade anschickte, mit West-Berlin wieder zur ganzen Stadt zu werden, selbst anschauen und lesen. Fünfzehn Jahre später erschien die nächste Ausgabe beim Jaron Verlag. Sie unterschied sich von allen drei vorherigen Ausgaben, so wie diese sich voneinander unterschieden. Es gibt nicht „das Ost-Berlin-Buch" von Hauswald und Rathenow, sondern eigentlich fünf verschiedene – mit dieser hier vorliegenden kommt die sechste Variante hinzu. Für sie hat Rathenow sämtliche Textpassagen, die im Laufe der Editionsgeschichte weggefallen waren, erneut eingefügt und Hauswald zusätzliches Fotomaterial zur Verfügung gestellt.

Anders als Rathenow und Hauswald habe ich mir Ost-Berlin nicht als Wohnort ausgesucht. Ich bin da hineingeboren worden – an den südöstlichen Rand, am Müggelsee. In den Prenzlauer Berg zog ich später, natürlich, in irgendeines dieser muchtigen Häuser, die Hauswald zigmal festhielt, und zwar so, wie Rathenow es beschreibt: Tür aufgetreten, einfach eingezogen, irgendwohin die lächerlich niedrige Miete gezahlt, und dann irgendwann zur Verwaltung gestapft und einen Mietvertrag gefordert, den ich dann auch irgendwie bekam. Ich hatte Glück, die Wohnung war baupolizeilich nicht gesperrt – und ich offizieller Mieter geworden.

Mit vielen „echten" Berlinern teilte ich eine bemerkenswerte Gelassenheit gegenüber zwei Dingen, die Rathenow wieder und wieder in diesem Buch beschreibt und die Hauswald dokumentiert. Die heruntergekommenen Stadtquartiere nahm ich zwar wahr, regte mich über den Verfall in Halberstadt, Leipzig oder Dresden aber weitaus mehr auf als über den in meinem eigenen Lebensumfeld. Die Mauer indes war mir als echtem Mauerkind, also nach dem Mauerbau Geborenen, architektonisch erwähnenswert und ständiger Anlass politischen Unmuts, aber sie erschien mir wie eine Naturgewalt, an der ich nichts ändern konnte. Vom Fernsehturm blickte ich, so wie Rathenow es beschreibt, sehnsüchtig „rüber" und sah ja doch nichts. Auf manchen S-Bahnhöfen oder von manchen S-Bahnstrecken betrachtete ich die Mauer und ihr „Hinterland", aber wieder sah ich fast nichts. Es gab sogar eine

Bibliothek, aus deren Lesesaalfenstern man direkt auf die Mauer blickte. Die war zum Anfassen nah, weshalb die Fenster bei Besucherbetrieb nicht geöffnet werden durften. Wenn ich dort saß, wunderte ich mich über diese perverse Absurdität nicht einmal: Man fühlte sich halt wie in einer ganz normalen Knastbibliothek, die einem vorschrieb, was man lesen durfte – das verband sie mit jeder anderen Bibliothek in der DDR. Diese hier, die der Akademie der Landwirtschaftswissenschaften, verband die Mauer als Symbol der Diktatur mit der Zensur so sinnfällig, dass ich mich frage, warum das eigentlich keinem Funktionär je aufgefallen war. Die SED-Führung wollte zwar nicht über die Mauer reden, animierte jedoch die Bürger unentwegt dazu, ebendies zu tun.

Rathenow bringt das alles auf den Punkt. Auch ich träumte mir zusammen, was hinter der Mauer wohl so los sei. Ich informierte mich im Westradio über die Veranstaltungskalender der Clubs, ging dann in die angesagten Ecken Ost-Berlins und bildete mir ein, ganz nah am Geschehen zu sein. Die Sehnsucht nach dem Westen war mir wie Millionen anderen so verinnerlicht, dass sie mir meist nicht der Rede wert schien. Zwar interessierte mich West-Berlin schon, wegen der Clubs, der Buchläden, der Bibliotheken und der Plattenläden – aber als Berliner glaubte ich, ganz Berlin zu kennen, in Ost-Berlin musste ich schließlich auch nicht jeden Winkel persönlich aufsuchen. Meine Sehnsucht galt London oder New York, Rom oder Barcelona.

Das Ost-Berlin-Bild von Lutz Rathenow und Harald Hauswald war mir durchaus vertraut, ich lebte darin. Ich kannte das alles, so wie es dieses Buch dokumentiert. Nichts davon könnte ich nicht bestätigen. Aber wenn ich mich zurückzuversetzen versuche in die Endzeit der DDR, sind meine Bilder zwar wirklich düster, aber irgendwie doch weitaus heller als die, die mir die beiden Ethnologen in ihren Mikrostudien so unnachahmlich präsentieren. Ich staune noch immer, was sie sahen, in Zusammenhänge brachten und dabei eine Systemdichte entwarfen, die mich, wäre ich auch so klug gewesen, zur unmittelbaren Ausreise, in den Suizid oder in eine psychiatrische Anstalt getrieben hätte. Warum nur ist den beiden genau dies nicht passiert? Ihr Buch bietet die Antworten, denke ich.

In den 1980er-Jahren nahm ich durchaus wahr, was sich so in Ost-Berlin abspielte. Ich interessierte mich für fast alles – sehr viel gab es ja nicht zu verpassen, zumal Zeit fast das Einzige war, woran es in der DDR nicht mangelte –, sah viel, bekam einiges mit, verstand aber offenbar weniger, als mir heute recht ist. Die Namen von Harald Hauswald und Lutz Rathenow waren mir irgendwann geläufig. Fotos von Hauswald sah ich in kleineren Ausstellungen, aber hin und wieder auch in irgendwelchen DDR-Publikationen. Mir war schon klar, dass der Typ irgendwo in Ost-Berlin wohnen musste. Bei Lutz Rathenow war mir das überhaupt nicht klar. Da, wenn ich etwas von ihm hörte oder zu lesen bekam, dies immer über westliche Kanäle geschah und sein Name dann meist mit dem Zusatz „auch ein Verbotener" verbunden war, speicherte ich ihn als Person ab, die irgendwann in den Westen gegangen worden war. Das war weder ungewöhnlich noch aufregend. Nach der Ausbürgerung von Wolf Biermann 1976 hatte man sich daran gewöhnt, dass in großer Regelmäßigkeit Künstler entnervt das Handtuch schmissen und den Ring in Richtung Freiheit verließen. Rathenow zählte für mich dazu – so wie übrigens auch der Schriftsteller Stefan Heym, den ich ebenfalls längst im Westen wähnte. Selbst wenn mir jemand glaubhaft versicherte, dies stimme nicht, nahm ich dies nicht wahr – sie blieben für mich ausgebürgert, rausgeschmissen. Dass solche Künstler gelegentlich in irgendwelchen Kirchen auftraten, irritierte mich nicht: Sie hatten eben einen Pass und durften hin und wieder einreisen. Ich weiß nicht, warum es zu solchen Fehlwahrnehmungen bei mir kam. Vielleicht weil es mir einfach egal war, wo sie wohnten, denn in der DDR gab es sie ja sowieso nicht, jedenfalls nicht offiziell.

Ich weiß nicht, ob es wirklich stimmt, dass dieses Buch, wie oft geschrieben wurde, eine Liebeserklärung an Ost-Berlin darstellte. Ich hoffe sogar, dies ist ein Missverständnis, über das die Autoren heimlich lachen. Aber dass dieses Buch eine scharfe Absage ans SED-System war, verbunden mit einem ethnologischen Blick auf die verkommene Halbstadt und die Realität der Diktatur, trifft zweifellos zu. So genau begriffen und zeigten damals nur ganz wenige die DDR-Realität – in Ost wie in West. Kein Wunder, dass die SED und ihre Staatssicherheit ziemlich wütend waren und einigermaßen ratlos zugleich.

9

Akteneinsichten

Die „Süddeutsche Zeitung" druckte in der Wochenend-
ausgabe vom 22./23. März 1986 den Essay „Die
sechzehnte Eingabe" von Lutz Rathenow ab. Der mach-
te sich darin lustig über die wenige Wochen später
offiziell eingeweihte Monumentalplastik „Ernst Thälmann" in Prenzlauer Berg. Sosehr solche Texte die
Stasi-Offiziere beschäftigten – mehr als der Beitrag
selbst erregte ihr Interesse, dass in dem Vorsatz die
Redaktion darauf hinwies, Rathenow würde im Herbst
1986 mit Harald Hauswald „eine alternative Berlin-
Literatur zum 750. Stadtjubiläum im nächsten Jahr" im
Münchner Piper Verlag herausbringen.

Beide Personen waren der Staatssicherheit bestens
bekannt. Rathenow war 1977 kurz vor seinem Studien-
abschluss an der Universität Jena zwangsexmatrikuliert
worden: Seine Texte und Aktivitäten würden ihn als
Unruhestifter ausweisen, sein Protest gegen die Ausbürgerung Wolf Biermanns im November 1976 mache
ihn zum „Staatsfeind". Fortan blieb er im Visier der
Geheimpolizei. 1980 kam er für zehn Tage in Stasi-
Untersuchungshaft. Die SED beabsichtigte, ihn und
andere oppositionelle Schriftsteller zu Freiheitsstrafen
zu verurteilen. Schnell einsetzende Proteste im Osten
wie im Westen, darunter von Schriftstellern wie Chris-
ta Wolf, Franz Fühmann und Günter Grass, ließen die
SED von ihrem Vorhaben Abstand nehmen. Rathenow
kam wieder frei und blieb, anders als andere, in der
DDR. Immer wieder wurde ihm angeboten, in die Bundesrepublik auszureisen. Er lehnte ab. Mehrfach über-
legten die SED und ihre Geheimpolizei, ihn ähnlich
wie Wolf Biermann auszubürgern. Doch die Proteste
gegen dessen Ausbürgerung saßen den Herrschen-
den noch in den Knochen. Sie fanden keine juristische
Rechtfertigung für eine Ausbürgerung, die auch nur
halbwegs glaubhaft klang. Auch mehrfache Anläufe,
Rathenow doch noch zu einer Haftstrafe zu verurteilen,
um ihn aus dem Gefängnis in den Westen abzuschie-
ben, schlugen fehl. Die SED fürchtete internationale Proteste, die ihr mehr Schaden zufügen würden als Lutz
Rathenows Wortmeldungen. So beschränkte man sich
darauf, ihn durch die Geheimpolizei beobachten zu
lassen, schikanierte ihn wegen angeblicher Vergehen,
versuchte ihn zu verunsichern und verhinderte vor allem

durch Publikations-, Aufführungs- und Lesungsverbote,
dass sich der Schriftsteller Lutz Rathenow in der DDR
entfalten konnte. So blieb ihm nichts anderes übrig,
als alle Möglichkeiten für Veröffentlichungen im Westen zu nutzen. Neben seinen vielfältigen Kontakten zu
bundesdeutschen Journalisten und Politikern machten
der Staatssicherheit seine engen telefonischen und
brieflichen Kontakte zu Jürgen Fuchs und Roland Jahn
zu schaffen, die beide mittlerweile in West-Berlin
lebten. Die drei kannten sich schon aus Jena. Fuchs
und Jahn gehörten zu den aktivsten Unterstützern der
Ost-Berliner Opposition und ostdeutscher kritischer
Künstler. Rathenow versorgte beide mit Informationen,
sie knüpften für den Freund Kontakte, beschafften Bücher und anderes. Ein Großteil westlicher Briefsendun-
gen an Rathenow gelangte zunächst zu Jürgen Fuchs.
Von dort brachten Journalisten oder gelegentlich auch
Politiker, die sich als Kuriere betätigten, weil sie an
der Grenze nicht kontrolliert werden durften, sie nach
Ost-Berlin. (Der für Rathenow wichtigste Kurierkanal,
der über eine Wohnung eines bundesdeutschen Korrespondenten in Ost-Berlin verlief, blieb der angeblich
so allwissenden Stasi übrigens bis zuletzt unbekannt.)
SED und Stasi versuchten Rathenow zu behindern,
wo es nur ging, seine Aktivitäten zu unterdrücken ver-
mochten sie nie. Die westliche Öffentlichkeit stellte
für Rathenow einen Schutzschirm dar. Er musste zwar
jederzeit mit dem Schlimmsten rechnen, wie auch sein
Buchtitel von 1980 mahnte, aber das Schlimmste trat
tatsächlich nie ein.

Ganz ähnlich verhielt es sich bei Harald Hauswald.
Ins Visier der Stasi war er 1977 geraten. Auch ihn versuchte die Staatssicherheit seit 1983 in seinem Schaffen
zu beeinträchtigen und zu verunsichern. Das gelang ihr
auch bei Hauswald nicht nachhaltig. Durch seine Foto-
kunst bald im Westen bekannt geworden, konnte auch
er den Schutzschirm der westlichen Öffentlichkeit bean-
spruchen. Seine Fotos wurden immer häufiger in weit-
verbreiteten Printmedien abgedruckt. Wie Rathenow
war auch Hauswald in der alternativen Kunstszene ver-
netzt, verfügte über feste Beziehungen zur Opposition,
und er profilierte sich vor allem als gesellschaftskritischer
Fotokünstler.

Die Nachricht, die beiden würden gemeinsam
ein Buch herausbringen, alarmierte SED und Geheim-

polizei. Schon die Zeitumstände ließen dieses 1986 zum Politikum werden – ohne dass ein Zensor Text und Fotos gesehen haben musste. Denn 1987 beging Berlin sein 750. Stadtjubiläum als ein Spektakel, das 365 Tage andauern sollte. Ost- und West-Berlin gerieten in eine merkwürdige Feierkonkurrenz. Beide Stadthälften beanspruchten, das wahre und historische Berlin zu repräsentieren, beide reklamierten für sich, die Zukunft gepachtet zu haben. Niemand konnte ahnen, dass die Ost-Berliner Jubelfeiern bald wie der letzte Tanz auf der Titanic erscheinen sollten.

In diese Situation also platzte die Nachricht, dass Rathenow und Hauswald ihren ganz eigenen, unautorisierten Beitrag zum Stadtjubiläum, zur Gegenwart Ost-Berlins beisteuern wollten. Mitte August 1986 informierte die zuständige Stasi-Hauptabteilung (HA XX) die Leitung des Ministeriums für Staatssicherheit (MfS) einschließlich Minister Mielke, es drohe Ungemach. Die zuständigen Stasi-Offiziere versuchten in ihrer „Information" vom 21. August 1986 den Eindruck zu erwecken, dass ihnen diese Buchpläne seit Längerem bekannt seien. Tatsächlich war ihnen sogar entgangen, dass die Fotos für das Buch monatelang in der ehemaligen Wohnung der Rathenows ausgewählt worden waren und dort an den Wänden hingen. Die Stasi musste intern eingestehen, dass Rathenow und Hauswald keinen „Personen aus ihrem Umgangskreis Einblick in ihre Arbeit an diesem Projekt" gewährten. Da beide der Stasi nur zu gut bekannt waren, konnte man dennoch davon ausgehen, dass Rathenow und Hauswald „durch eine gezielte Verbindung von Texten und Fotos einen Widerspruch zu den geplanten gesellschaftlichen Aktivitäten im Zusammenhang mit der 750-Jahr-Feier in der Hauptstadt der DDR" erzielen wollten. Weiter hieß es: „Rathenow und Hauswald gehen von ihrer kleinbürgerlich-pazifistischen, teilweise anarchistischen Haltung sowie ihren ablehnenden Positionen gegenüber den gesellschaftlichen Verhältnissen in der DDR aus und unternehmen den Versuch, fiktive und oder für sie denkbare Vorgänge textlich und bildlich darzustellen. Weiter wird der angebliche Konflikt zwischen Individuum und Gesellschaft in der DDR suggeriert und letztlich die Ablehnung der realen Verhältnisse provoziert." Im Prinzip haben die zuständigen Stasi-Analytiker damit auf den Punkt gebracht, was auch heutigen Be-

trachtern und Lesern des Buches, ganz unabhängig von ihren Vorkenntnissen, auffallen dürfte.

Am 1. Mai 1984 hatte Lutz Rathenow eine achtseitige Konzeption für den Piper Verlag verfasst. Diese wurde der Staatssicherheit ebenso wenig bekannt wie der später ausgehandelte Verlagsvertrag. Das sollte noch bedeutungsvoll werden. Die Konzeption verrät zunächst, dass das Buch nach Rathenows ersten Überlegungen ursprünglich „Schwarzweiß. Berlin schrecklich schöne Stadt" heißen sollte. Der tatsächliche Titel „Ostberlin. Die andere Seite einer Stadt in Texten und Bildern" fiel gefälliger aus. Erstaunlich nur, dass der Münchner Verlag „Ostberlin" schreiben ließ: In der Bundesrepublik wurde üblicherweise mit Blick auf das Ziel der deutschen Wiedervereinigung „Ost-Berlin" geschrieben. Die nächsten beiden Ausgaben trugen den Titel „Berlin-Ost" – noch ungewöhnlicher. Erst der Jaron Verlag nannte das Buch dann „Ost-Berlin".

Interessant an dieser frühen Konzeption von 1984 sind Überlegungen von Rathenow, die das Buch drei Jahre später auch einlöste: Es gehe um Berlin, aber eigentlich um eine x-beliebige Großstadt, um die „Faszination des Verfalls" und „das Überwinden der Fremdheit" in einer solchen. Die Berliner Mauer kommt bei Rathenow als „die zu Stein verdichtete Form eines gesellschaftlichen Widerspruchs" zur Sprache. „Natürlich ist die Mauer pervers, aber sie trägt Kranksein offen und verbirgt es nicht verklemmt." Die Mauer zwinge, „des Lebens Oberflächlichkeiten zu entschälen, um auf einen Kern zu kommen". Wie in dem Buch selbst fragt Rathenow hier noch deutlicher, was geschehe, verschwände die Mauer über Nacht. Fast grotesk schreibt er bereits 1984: „Der Verlust würde das Leben hier ärmer machen." Fügt aber sogleich hinzu: „Und wenn es nur die Wut auf die Mauer wäre, die man verlöre." „Die DDR auf Dauer / braucht weder Knast noch Mauer", dichtete Biermann noch Anfang der 1970er-Jahre. Dieser grundsätzliche Irrtum begegnet uns bei vielen anderen, auch bei Rathenow: Die Mauer fällt, aber die DDR hat Bestand. Immerhin aber antizipiert Rathenow: „Wie lange bräuchten die Menschen, ihre neuen Möglichkeiten zu erkennen?"

Ein Zweites an dieser Konzeption ist erwähnenswert. Rathenow hatte, das zeigt sein Konzept von 1984, von Anfang an begleitende Ausstellungen im Westen und

11

anderes im Sinn, plante gleich neue Bücher für sich und Hauswald ein. Er scheint sich nicht sonderlich um die zu erwartende Aufregung der SED-Genossen gekümmert zu haben. Seine Vertragspartner in München ließ er wissen: „Schwarzweiß soll kein politisches Buch werden." Vermutlich hat er seine bayrischen Verleger beruhigen wollen, denn er fügt hinzu: „Aus Querelen (…) wollen wir es möglichst heraushalten, melden es deshalb hier auch gar nicht erst an – dem BfU bleibt so die Ablehnung erspart." Der Autor war ein Realsatiriker.

Das Büro für Urheberrechte (BfU) hatte zwei Aufgaben. Erstens war es eine Zensurbehörde: Alle Autoren, die im Ausland veröffentlichen wollten – ähnlich funktionierte es bei Veröffentlichungen im Inland –, waren gesetzlich verpflichtet, dort ihre Manuskripte vorzulegen. Zweitens waren über das Büro alle Honorarfragen abzuwickeln, sodass der Staat an den Deviseneinkünften der Autoren beteiligt werden konnte und zugleich eine Übersicht über zu zahlende Steuern gewann. Wohl nur zwei Autoren sind wegen angeblicher Devisenverstöße zu Geldstrafen verurteilt worden: Stefan Heym 1969 und 1979 sowie Robert Havemann ebenfalls 1979. Rathenow hatte selbst einschlägige Erfahrungen gesammelt – seine Veröffentlichungen in der Bundesrepublik und anderswo erfolgten etwa seit 1983 unter Umgehung des Zensurbüros. Er wusste, dass das Buch erhebliches Aufsehen erregen würde und ihn und Hauswald gerade wegen der Umgehung des Büros in Bedrängnis bringen konnte. Querelen waren entgegen der gegenteiligen Beteuerung Rathenows vorprogrammiert – kaum jemand wusste das besser als er selbst.

Die Staatssicherheit entwickelte noch im August 1986 erste Überlegungen, wie sie reagieren könnte. Rathenow und Hauswald sollten zunächst aufgefordert werden, dem BfU das Manuskript vorzulegen. Würden sie sich weigern, bestünde die Möglichkeit, nach Erscheinen des Buches ein Ermittlungsverfahren wegen Zoll- und Devisenvergehen einzuleiten. Weiterhin sollte auf Hauswald und Rathenow mit dem Ziel eingewirkt werden, von ihrem Publikationsvorhaben Abstand zu nehmen. Vor allem Harald Hauswald wollte man lukrative Angebote für Veröffentlichungen in der DDR unterbreiten. Da die Stasi-Offiziere ahnten, dass dies alles erfolglos bleiben würde, schlugen sie außerdem vor, nach Erscheinen des Buches vom Ministerium

für Kultur ein Fachgutachten erstellen zu lassen, um ein Ordnungsstrafverfahren wegen Verstoßes gegen das DDR-Urheberrecht einzuleiten. Die zuständige MfS-Untersuchungsabteilung (HA IX) sollte ferner prüfen, ob auch ein Ermittlungsverfahren nach § 219 StGB der DDR eröffnet werden könne: wegen „ungesetzlicher Verbindungsaufnahme". Schließlich ordneten die Stasi-Offiziere an, die DDR-Zollverwaltung zu veranlassen, die Einfuhr des Ost-Berlin-Buches strikt zu unterbinden.

Eine Woche später, am 28. August 1986, äußerte sich die zuständige HA IX der Staatssicherheit zu den Vorschlägen ihrer Kollegen von der HA XX. Ordnungsstrafverfahren seien nur dann durchführbar, wenn „offizielle Beweise" vorlägen. Man bräuchte also den Verlagsvertrag oder eine offizielle Erklärung dazu von Rathenow und Hauswald gegenüber dem BfU oder wenigstens eine Auflage des Büros an die beiden, der sie nicht nachgekommen seien. Denn aus politischen Gründen käme die Einleitung eines Verfahrens ohne offizielle Beweise nicht in Frage.

Die Angelegenheit nahm am 9. September 1986 Fahrt auf. In der ARD-Sendung „Kontraste", einem auch in der DDR millionenfach gesehenen Politmagazin, porträtierte der Ost-Berlin-Korrespondent Peter Merseburger den Schriftsteller Lutz Rathenow und kündigte für den Herbst das Erscheinen des Ost-Berlin-Buchs an – der Termin war dann allerdings nicht zu halten, das Buch erschien erst Anfang 1987. Außerdem zeigte der Beitrag einen Brief, in dem das DDR-Kulturministerium Rathenow im Mai 1986 erklärt hatte, warum der keine Reisegenehmigungen in den Westen erhalten könne: „Wir sind daran interessiert, dass Schriftsteller und Künstler der DDR im Ausland auftreten, die durch ihre literarischen Werke und ihre künstlerische Arbeit nachgewiesen haben, dass sie die Politik und Kulturpolitik unseres Staates anerkennen und respektieren und sich mit persönlichem Engagement für das Ansehen der DDR einsetzen." Ein Ansinnen, das auch im Westen viele Intellektuelle und Politiker den Kopf schütteln ließ.

Nur zwei Tage später unterrichte Stasi-Chef Mielke das zuständige SED-Politbüromitglied Kurt Hager, der für Propaganda, Ideologie und Kultur im SED-Staat verantwortlich war, von dem geplanten Ost-Berlin-Buch. Einen Monat später, am 10. Oktober 1986, ließ Hager Mielke wissen, wie vorzugehen sei. Das DDR-Kulturministerium, inzwischen auch längst eingeschaltet, solle weder mit Hauswald noch mit Rathenow über deren Reiseanträge sprechen. Vor allem Rathenow „würde jede Aussprache im Ministerium für Kultur zu einer über Westjournalisten gesteuerten Hetze gegen uns benutzen". Deshalb solle das Kulturministerium ihn in Reisefragen an das zuständige Volkspolizeikreisamt verweisen. Dahinter stand das Ansinnen, Rathenow deutlich zu machen, dass man ihn als Künstler nicht anerkenne – denn für Reiseanträge von Künstlern war das Kulturministerium zuständig. „Diese Reisegenehmigung", so Hager weiter, „sollte nach meiner Meinung in jedem Fall weiterhin verweigert werden." Nach Erscheinen des Buches sollte ein Ermittlungsverfahren eingeleitet werden. Das DDR-Außenministerium würde er veranlassen, in Bonn über die Ständige Vertretung der DDR gegen das Buch zu protestieren und es als einen „unfreundlichen Akt gegen den im Kulturabkommen vereinbarten Kulturaustausch DDR– BRD" hinzustellen. Schließlich fügte der Chefideologe hinzu: „Wir müssen uns natürlich darüber klar sein, dass Rathenow ein Provokateur ist, der keine Ruhe geben, sondern jeden Anlass nutzen wird, um gegen die DDR und den Sozialismus zu hetzen." Es gäbe „auf die Dauer nur zwei Möglichkeiten: entweder dem Treiben Rathenows keine Beachtung zu schenken oder ihn auszubürgern. Aber letzteres würde ihm eine weltweite Aufmerksamkeit einbringen, die er auf keinen Fall verdient hat. Ich bin dafür, ihn nicht weiter zu beachten und auf keinen seiner Anträge einzugehen."

Hagers Brief zeigt ein Dilemma. Die SED musste etwas gegen Rathenow und Hauswald unternehmen, aber sie wusste nicht, was – was sie auch tat, alles schlug negativ auf sie zurück. Die „Biermann-Lektion" hatten die SED-Genossen verstanden.

Am 19. Februar 1987, kurz nach Erscheinen des Buches und der Eröffnung einer Ausstellung in West-Berlin, wo Bilder von Hauswald und Texte von Rathenow gezeigt wurden, legte die zuständige MfS-Hauptabteilung XX einen Maßnahmeplan vor. Der beinhaltete die Überlegungen vom August 1986 und die „Anregungen" von Hager im Oktober 1986. Vor allem käme es nun darauf an, so schnell wie möglich Gutachten über das „Machwerk", wie das Buch intern genannt wurde, erstellen zu lassen.

Das erste Gutachten wurde im Auftrag der Stasi vom Kulturministerium angefertigt. Der stellvertretende Minister Klaus Höpcke, zuständig für Verlage, berief eine vierköpfige Gruppe. Zu dieser gehörte neben drei Ministerialbürokraten auch ein Vertreter des Büros für Urheberrechte. Das „Schlechtachten" weist kein Datum auf, ist aber noch im Februar 1987 der Stasi übergeben worden. Das Buch, so die Kunstkenner, suggeriere Gefühlsarmut, Vereinsamung, Hoffnungslosigkeit, Tristheit sowie allgegenwärtige Polizei und Staatssicherheit. „Unverkennbar ist es die Absicht, ein der realen Darstellung Berlins als Hauptstadt der DDR entgegen gesetztes Bild zu zeichnen. (…) Partei und Staat werden diskreditiert, Außenseiter erscheinen als Prototypen der Gesellschaft." Hauswald und Rathenow hätten gegen geltendes Recht verstoßen, weshalb Verfahren wegen Vergehen gegen die „Wahrung des Urheberrechts", das Devisengesetz und die Zollbestimmungen vorgeschlagen wurden. Besonders schwer wog der Hinweis auf Verstoß gegen den bereits erwähnten § 219 StGB.

Offiziere der Stasi-Untersuchungsabteilung (HA IX) bauten am 25. Februar 1987 auf diesem Gutachten ihr eigenes auf. Inhaltlich und juristisch folgten sie dem Kulturministerium. Sie betonten allerdings erneut, dass die angestrebten Verfahren an die Beschaffung offizieller Beweise (z.B. Verlagsvertrag) gebunden seien. Letztlich kamen sie zu dem Schluss, lediglich ein Ordnungsstrafverfahren käme in Betracht, weil Rathenow und Hauswald keine Genehmigung des Büros für Urheberrechte eingeholt hätten. Die drohenden Strafen würden gering ausfallen: Verweis oder Ordnungsgeld in Höhe von 300 Mark. Einen Monat später folgte eine weitere „rechtliche Stellungnahme" dieser Abteilung, in der letztlich alle „Vergehen" als juristisch irrelevant, weil ein Verfahren politisch kontraproduktiv wäre, charakterisiert wurden. SED und Stasi blieben auf der Hager-Linie, das Buch und seine Autoren mit größtmöglicher Nichtbeachtung zu strafen. Der Herrschaftsapparat hatte kapituliert. Im Januar 1988 bestätigten Stasi-Offiziere schließlich, „strafrechtliche Maßnahmen" seien „aus politischen Gründen" nicht eingeleitet worden.

Es gibt noch ein drittes Gutachten, für das bislang weder der Verfasser noch der Auftraggeber ermittelt werden konnten. Es stellte fest, dass die DDR-Hauptstadt so dargestellt wird, „wie sie nicht ist, aber nach dem Willen verständigungsfeindlicher Kreise gesehen werden soll". Das Buch bestehe aus „einem Brei von Halbwahrheiten und Verleumdungen". Ost-Berlin würde wahrheitswidrig als „Bestandteil eines Polizeistaates" gezeichnet: „Jeder wird überwacht." Der Autor fährt fort: „Es versteht sich von selbst, dass diese im Würgegriff der Polizei befindliche Stadt Ostberlin in jeder Hinsicht ärmlich und trist wirkt und die Menschen hoffnungslos dahinvegetieren." Stil und Inhalt unterscheiden dieses „Gutachten" von den eher trockenen, fast sachlichen seiner Kollegen aus der Ministerialbürokratie. Das Buch sei für ihn ein „unverhüllt primitiver Gossen-Journalismus, wie ihn auch Springers Bild-Reporter nicht besser zuwege brächten". Rathenow habe „keine innere Beziehung zu Berlin", schreibt er angewidert: „Sein Herz schlägt für die andere Seite, für die er schreibt und woher er Honorar samt Schmutzzulage erhält." Rathenows Sprache sei zwar durchaus „gekonnt", er agiere aber primitiv und raffiniert gleichermaßen. Hauswalds Fotos erscheinen ihm durchweg demagogisch, die Grundaussage laute: „Ostberlin hinter Gittern!" Am Ende verfällt der Autor in eine Sprache, die SED-Funktionäre in den 1950er- und 1960er-Jahren oft bemühten, wenn sie junge Leute als dekadent, unnütz und vom Westen gekauft hinstellen wollten: Harald Hauswald „verdient seine acht Groschen redlich. In West!"

In den folgenden Monaten blieben Staatssicherheit und Kulturministerium bei ihrer Linie, Rathenow „kleinzuhalten". Noch mehrfach wurde überlegt, Rathenow auszubürgern oder ihm die Ausreise nahezulegen. Ständig ausreisen mochte Rathenow nicht. Stattdessen schrieb er an Honecker und andere unentwegt Eingaben, um Reisegenehmigungen zu erhalten.

SED und Kulturministerium bedrohten im Verbund mit der Stasi Hauswald und Rathenow auf vielerlei Weise. Dem Fotografen drohten sie die Einberufung zum Reservistendienst an, die er als alleinerziehender Vater abwenden konnte. Dann versuchten sie 1988, ihm das Sorgerecht für seine kleine Tochter zu entziehen und diese ins Heim einzuweisen. Zugleich boten sie ihm Möglichkeiten an, seine Fotos in der DDR öfter zu publizieren. Tatsächlich wurden seine Bilder häufiger abgedruckt – aber deshalb, weil sich in einzelnen Redaktionen Männer und Frauen fanden, die den Wert seiner Arbeiten zu schätzen wussten. Vom Kulturministerium

(Klaus Höpcke) kam 1989 sogar der Vorschlag, Hauswald ein monatliches Stipendium und einen Reisepass anzubieten. Dies war ein gängiges Mittel, unangepasste Künstler wie ihn zu disziplinieren, zu korrumpieren.

Auch Rathenow unterbreitete die SED Integrationsangebote. So wurde vertraglich die Herausgabe eines Lyrikbandes im Mitteldeutschen Verlag für 1989 vereinbart. Dazu kam es nicht. Sowohl der Verlag wie auch das Kulturministerium, namentlich der stellvertretende Minister Höpcke, wollten das Buchprojekt zum Abschluss bringen, aber die SED-Führung, namentlich Hager, war dagegen. Vor allem wurde ins Feld geführt, dass Rathenow gar nicht daran denke, seine politischen Statements in westlichen Medien zu unterlassen. Er sei nicht integrierbar.

In der Bundesrepublik erlahmte alsbald das Interesse an dem Ost-Berlin-Buch. Als der Piper Verlag bereits nach einem Jahr alle Rechte an Rathenow und Hauswald zurückgab und auf eine Nachauflage verzichtete, führte das in einigen westlichen Medien zu der Frage, ob SED und Stasi die Finger im Spiel gehabt haben könnten. Das ist unwahrscheinlich. 3300 verkaufte Exemplare in einem Jahr – und noch dazu im Berliner Jubiläumsjahr – sind für einen Verlag wie Piper wirtschaftlich unergiebig. Ein Buch, das nicht zum Bestseller wurde, mag dem Verlag die Spannungen zu anderen DDR-Vertragspartnern nicht wert gewesen sein.

Doch das Buch wirkte im Osten fort, im Guten wie im Bösen. Denn ganz so spurlos versickerten all die Gerüchte, die SED und Stasi streuten, nicht. Sie blieben zum Teil weit über das Jahr 1989 hinaus wirkungsvoll. In der Diktatur lassen sich Gerüchte noch schwerer als gegenstandslos entlarven als in offenen Gesellschaften. Die vielen kleinen Gettos voneinander abgeschotteter Alternativmilieus produzierten Individualisten, die nicht selten ebenso viele Probleme mit anderen Individualisten ihres Milieus hatten wie mit dem Staat, den sie ablehnten. Neid und Eifersucht, Missgunst und Hass lagen oft beieinander. Und vor allem Personen, die wie Rathenow oder Hauswald kontinuierlich im Westen publizierten, gerieten schnell in den Verdacht, nur eitle Selbstdarsteller zu sein. Es war für die Stasi ein Leichtes, mit ihren spezifischen Methoden und ihren IM solche bestehenden Abneigungen und Vorurteile zu verstärken. Nicht wenige glaubten, Hauswald würde nur im Auftrag westlicher Redaktionen arbeiten und sei nur am Geld interessiert. In der angeblich so puritanischen DDR-Kunstszene war dies ein fast größeres Vergehen, als der Stasi zu dienen. Und Rathenow wurde nachgesagt, er wolle ein „zweiter Biermann" werden, nur fehle ihm das künstlerische Format dazu. Solche Nachreden, die nicht nur die Stasi streute, überlebten die DDR deutlich.

Wie sehr sich SED- und Kulturfunktionäre, Stasi-Offiziere und auch so mancher Kollege aus dem alternativen Milieu irrten, zeigten die Entwicklungen nach 1989. Lutz Rathenow publizierte kontinuierlich weiter und bekleidet seit einigen Jahren sogar das Amt des sächsischen Landesbeauftragten für die Stasi-Unterlagen. Harald Hauswald zählt seit vielen Jahren zu den wichtigsten und bekanntesten deutschen Fotografen. Nach dem Mauerfall trieb ihr altes Leben zu neuen Blüten. Nichts könnte dies besser zeigen als der Umstand, dass nach den ersten drei kurzlebigen Ausgaben ihres Ost-Berlin-Buchs die Jaron-Ausgabe von 2005 sechs Auflagen erlebte und der Verlag das Werk nun als prächtigen Bildband herausgibt. Die Nachfrage nach dem Buch war nie größer als heute. Ost-Berlin bleibt interessant, auch wenn es längst aufgehört hat zu existieren. Lutz Rathenow und Harald Hauswald haben mit ihrem Buch ein Denkmal der anderen Art für Ost-Berlin geschaffen, das sie so nicht geplant hatten. In ihrem Buch bleibt lebendig, was zum Glück historisch längst überwunden ist.

Als Berliner freue ich mich über das eine wie das andere und möchte an dieser Stelle einfach mal Lutz und Harald zurufen: Danke!

In der Straßenbahn (1985)

In der U-Bahn (1986)

Kneipe in der Husemannstraße (1987)

Skatspieler im Park am Weinbergsweg (1987)

Lokal „Zum Posthorn" am Alexanderplatz (1982)

Gaststätte „Hackepeter" in der Dimitroffstraße (1989)

Kreiskulturhaus „Prater" in der Kastanienallee (1986)

„Sophienclub" in den Hackeschen Höfen (1985)

20

„Jugendclub Wilhelm Pieck" in der heutigen Torstraße (1985)

„Prater" (1985)

„Franz-Club" in der heutigen „Kulturbrauerei" (1985)

„Franz-Club" (1986)

Wörther Straße (1978)

Demonstration zum 1. Mai auf dem Alexanderplatz (1982)

Maidemonstration der Betriebskampftruppen auf dem Alex (1986)

FDJler bei Maidemonstration am Alex (1982)

Probe zur Maidemonstration in der Karl-Marx-Allee (1986)

Folgende Doppelseite: Fahnenflucht – Maidemonstration auf dem Alex (1987)

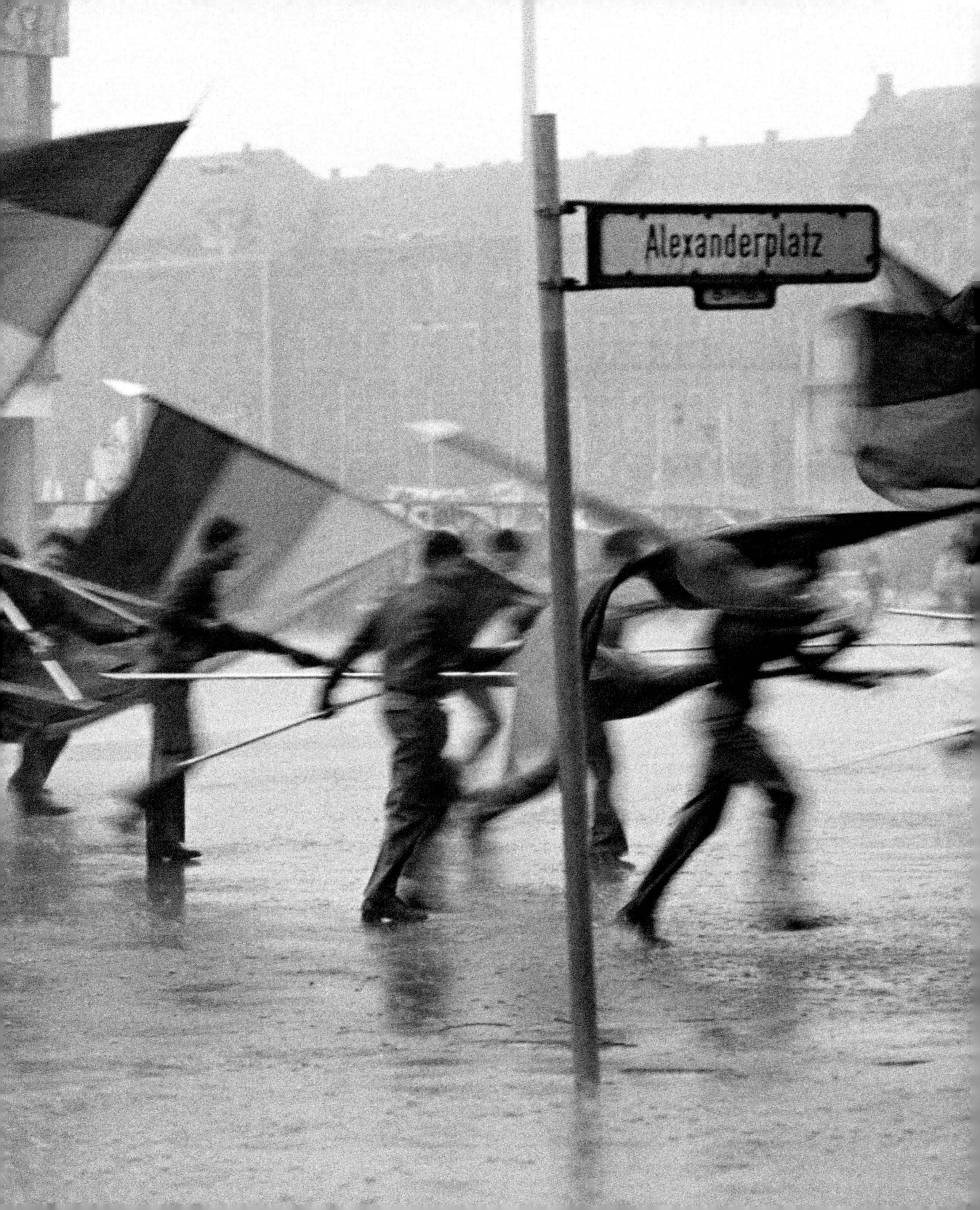
Alexanderplatz

Blick aus dem Bahnhof Alexanderplatz (1986)

Brunnen der Völkerfreundschaft auf dem Alex (1986)

Alex mit Brunnen der Völkerfreundschaft (1983)

Unterm Fernsehturm, Pfingsttreffen der FDJ (1989)

Alexanderplatz (1987)

Drei in der U-Bahn (1986)

32

Auf dem Bahnhof Alexanderplatz (1987)

Fahrgäste in der U-Bahn (1986)

S-Bahn im Bahnhof Ernst-Thälmann-Park (1985)

U-Bahnhof Klosterstraße (1985)

Alexanderplatz (1987)

Alexanderplatz, Solibasar der Journalisten (1987)

Vor dem Centrum-Warenhaus (1984)

Alexanderplatz (1985)

Alexanderplatz (1985)

Flaschensammler am S-Bahnhof Alexanderplatz

Parkplatz am Innenministerium (1984)

Menschen am Alex (1987)

Personenkontrolle auf dem Alex (1980)

Polizeiarbeit auf dem Alex (1980)

Frankfurter Allee (1982)

Freilichtbühne am Weißen See (1989)

Friedrichshain, NVA-Stand auf dem Pressefest des „Neuen Deutschland" (1986)

Alexanderplatz, Pfingsttreffen der FDJ (1989)

Friedrichshain, NVA-Stand auf dem ND-Pressefest (1986)

Politprominenz um Erich Honecker bei Maidemonstration (1985)

Weihnachtsmarkt am Alex (1984)

Vor dem Palast der Republik, FDJ-Pfingsttreffen (1989)

Am Fernsehturm (1981)

Gläserne Blume im Palast der Republik (1988)

Grufties am Alex (1988)

Nonkonformität (1983)

In der Friedrichswerderschen Kirche (1986)

Schloßplatz mit Innenministerium, Pfingsttreffen der FDJ (1989)

Unter den Linden (1989)

Aufstellung der Skulpturen auf dem Marx-Engels-Forum (1986)

Leninplatz, Transport des Lutherdenkmals zur Marienkirche (1989)

Neue Wache Unter den Linden mit Besuchern (1985)

Der letzte Wachaufzug – Vor der Neuen Wache (1990)

Wachwechsel (1986)

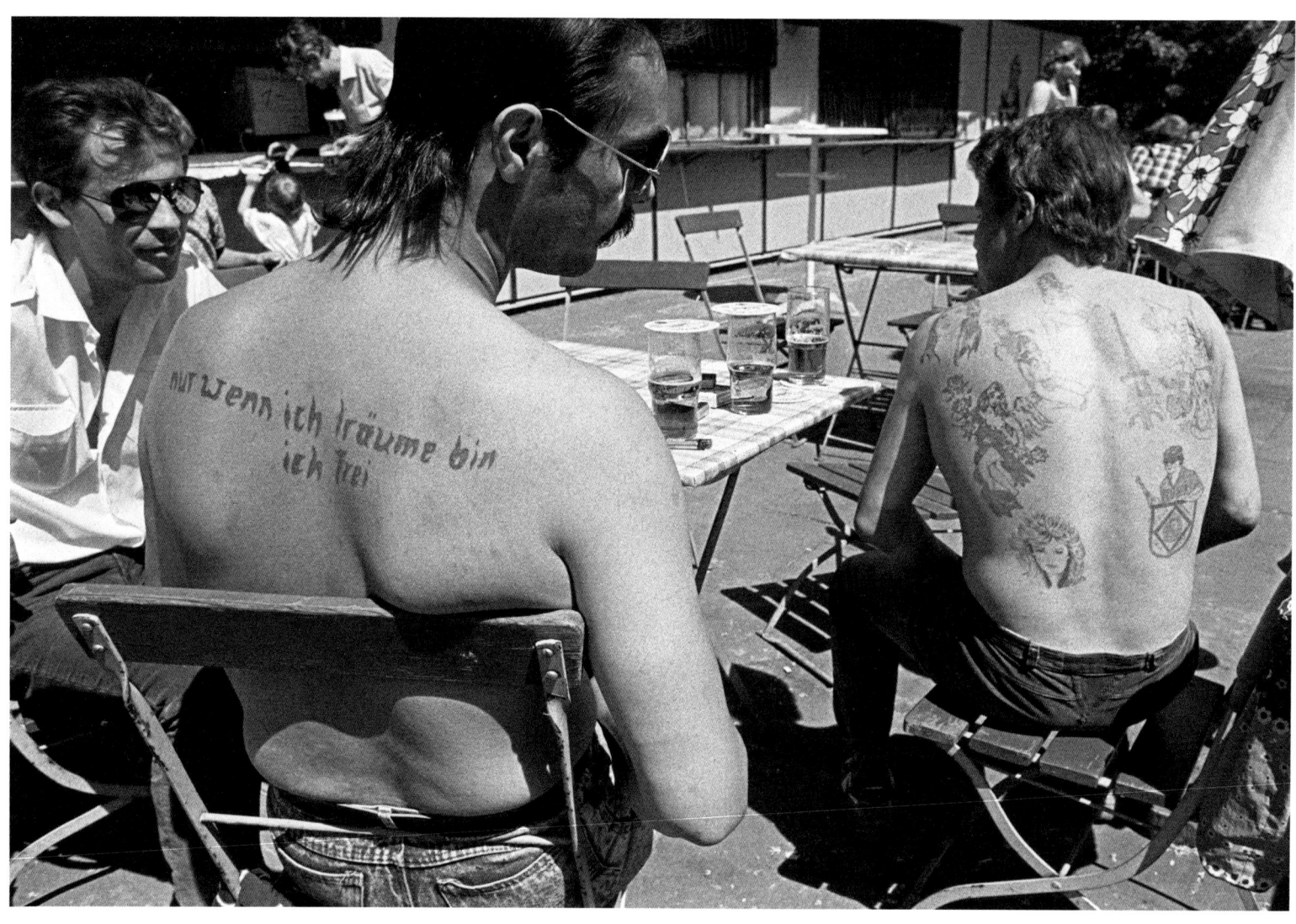

Kneipe am Weißen See (1987)

Blick nach Westen von der Monbijoubrücke (1984)

Lottumstraße (1986)

60

Treppe zum Berliner Dom (1989)

Aufgang vom U-Bahnhof Alexanderplatz (1983)

Eberswalder Straße (1983)

Kabarett „Distel" am Bahnhof Friedrichstraße (1984)

Intershop am Bahnhof Friedrichstraße (1984)

Gormannstraße (1986)

Warten auf die Straßenbahn (1983)

Folgende Doppelseite: Schönhauser Tor (1986)

Ruine der ehemaligen Friedrichstadtpassage, später Tacheles (1981)

Kuppel der Einkaufspassage (1981)

Friedrichstraße, Rückfront des späteren Tacheles (1982)

Auguststraße (1982)

Tucholskystraße (1987)

Schliemannstraße (1986)

Parkplatz an der Kastanienallee (1982)

Prenzlauer Berg (1985)

Hackescher Markt (1987)

S-Bahnhof Hackescher Markt (1987)

Hackesche Höfe (1985)

Hackesche Höfe (1986)

Hinterhof in der Kastanienallee (1985)

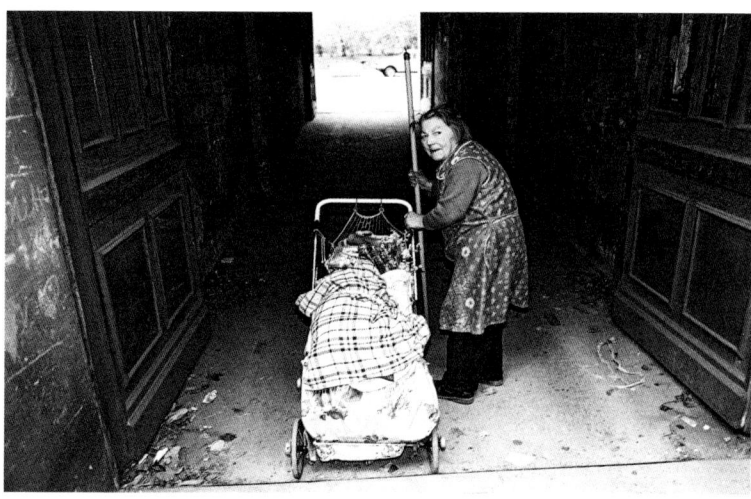

Tordurchgang in der Kastanienallee (1981)

Prenzlauer Berg (1985)

Hinterhof am Zionskirchplatz (1986)

Prenzlauer Berg (1985)

Hinterhof in der Kastanienallee (1985)

Friedrichshain (1982)

Am Alexanderplatz (1979)

Hinterhof in der Kastanienallee (1983)

Dimitroffstraße (1985)

Eselsbrücke an der Greifenhagener Straße (1984)

Schönhauser Alle, Ecke Eberswalder Straße (1985)

Lokal „Am Wasserturm" in der Knaackstraße, Ecke Rykestraße (1982)

Kasse am Tierpark in Friedrichsfelde (1988)

Am Alexanderplatz (1982)

Kastanienallee (1985)

Wochenmarkt in Pankow (1985)

Am S-Bahnhof Schönhauser Allee (1986)

Prenzlauer Berg (1985)

Am Bahnhof Schöneweide (1987)

Fest an der Panke (1985)

Anschub (1980)

Marzahn (1985)

84

Regierungskonvoi in der Wilhelm-Pieck-Straße (1986)

Prenzlauer Berg (1985)

Oderberger Straße (1983)

Private Fleischerei in der Oderberger Straße (1985)

Ackerstraße (1984)

Rykestraße mit Wasserturm (1982)

Pankow, Fest an der Panke (1987)

Friedrichshain, Kirchentag von Unten (1987)

Kneipe an der Husemannstraße, Ecke Dimitroffstraße (1986)

Prenzlauer Berg (1985)

Friedrichshain, ND-Pressefest (1984)

Öffentliche Toilette am Alexanderplatz (1983)

Kneipe „Sieke" in der Hagenauer Straße, Ecke Dimitroffstraße (1980)

Pferderennbahn in Hoppegarten (1986)

Im Friedrichshain (1982)

Vor der Werner-Seelenbinder-Halle, Pfingsttreffen der FDJ (1989)

FDJ-Aufmarsch am Vorabend des Tages der Republik (1989)

FDJ-Ordner beim Bruce-Springsteen-Konzert in Weißensee (1988)

Choriner Straße, Ecke Lottumstraße (1985)

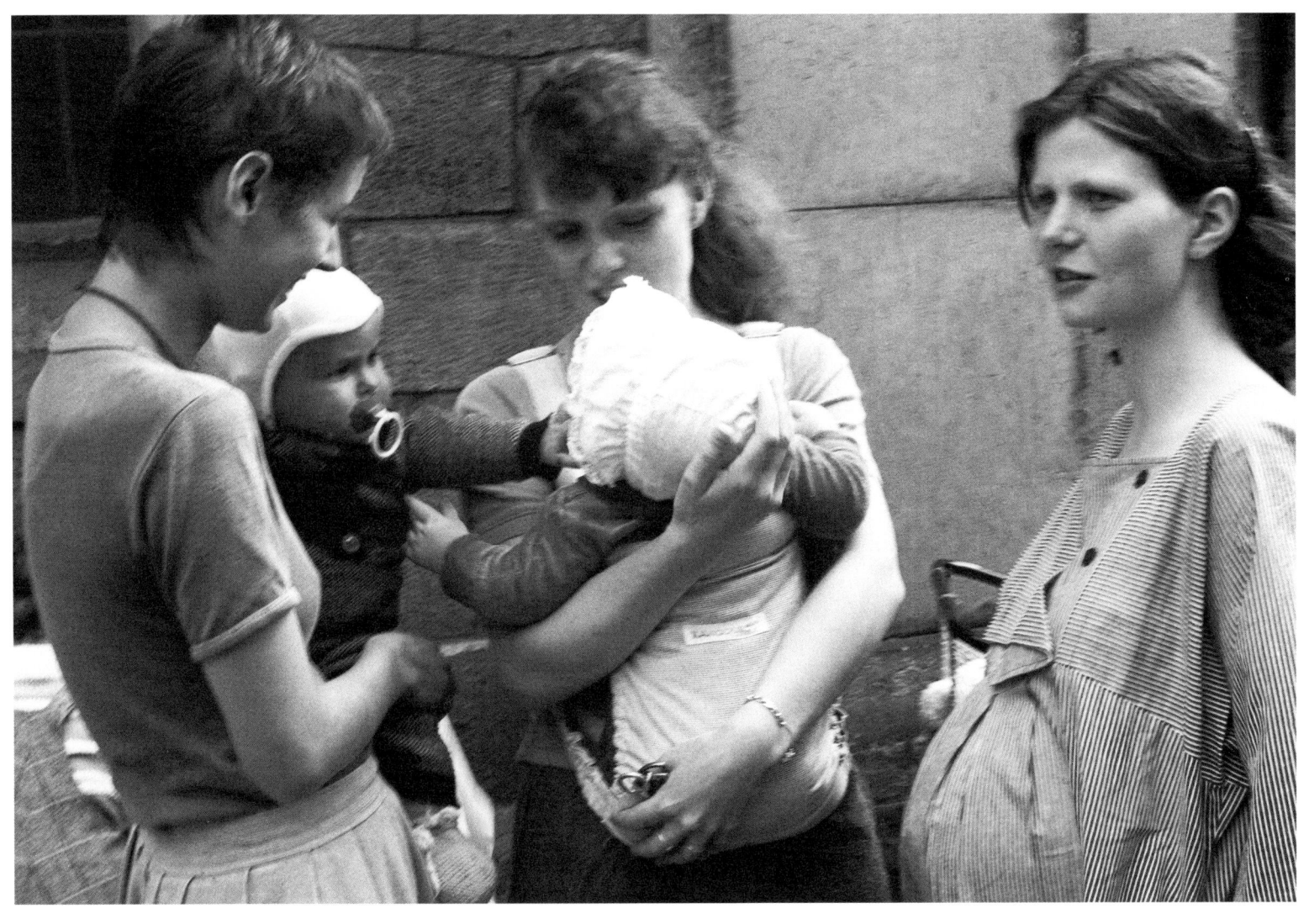

Jahresfest der Stephanus-Stiftung in Weißensee (1985)

Fest auf dem Hirschhof an der Oderberger Straße, Ecke Kastanienallee (1986)

Dorotheahaus der Stephanus-Stiftung in Weißensee (ca. 1985)

Bluesmesse in der Samariterkirche (1980)

Stephan Krawzcyk in der Pfingstkirche, Kirchentag von Unten (1987)

Gerhard Schöne in der Samariterkirche (1985)

Bluesmesse in der Samariterkirche (1983)

Stephan Heym in der Samariterkirche (1982)

Rockkonzert mit „Tacheles" in der Zionskirche (1987)

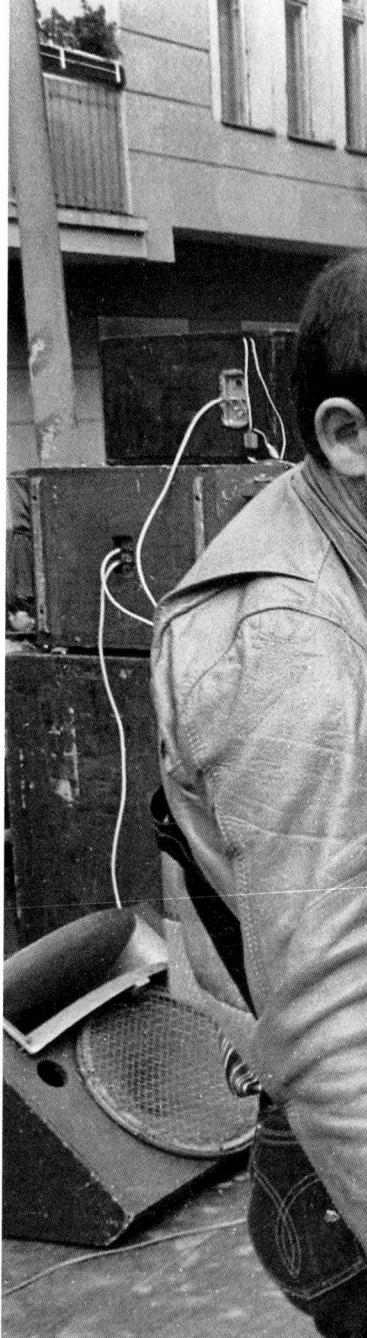

Punksession im „Dunckerclub" (1986)

Gruppe „Juckreiz" auf Straßenfest vor dem Jugendclub „Impuls" (1981)

Hirschhof als Treff der alternativen Szene (1986)

Hirschhof als Tummelplatz der ganz Jungen (1985)

Gasometer in Prenzlauer Berg (1984)

Sprengung I (1984)

Sprengung II (1984)

Stehen gebliebener Stumpf (1984)

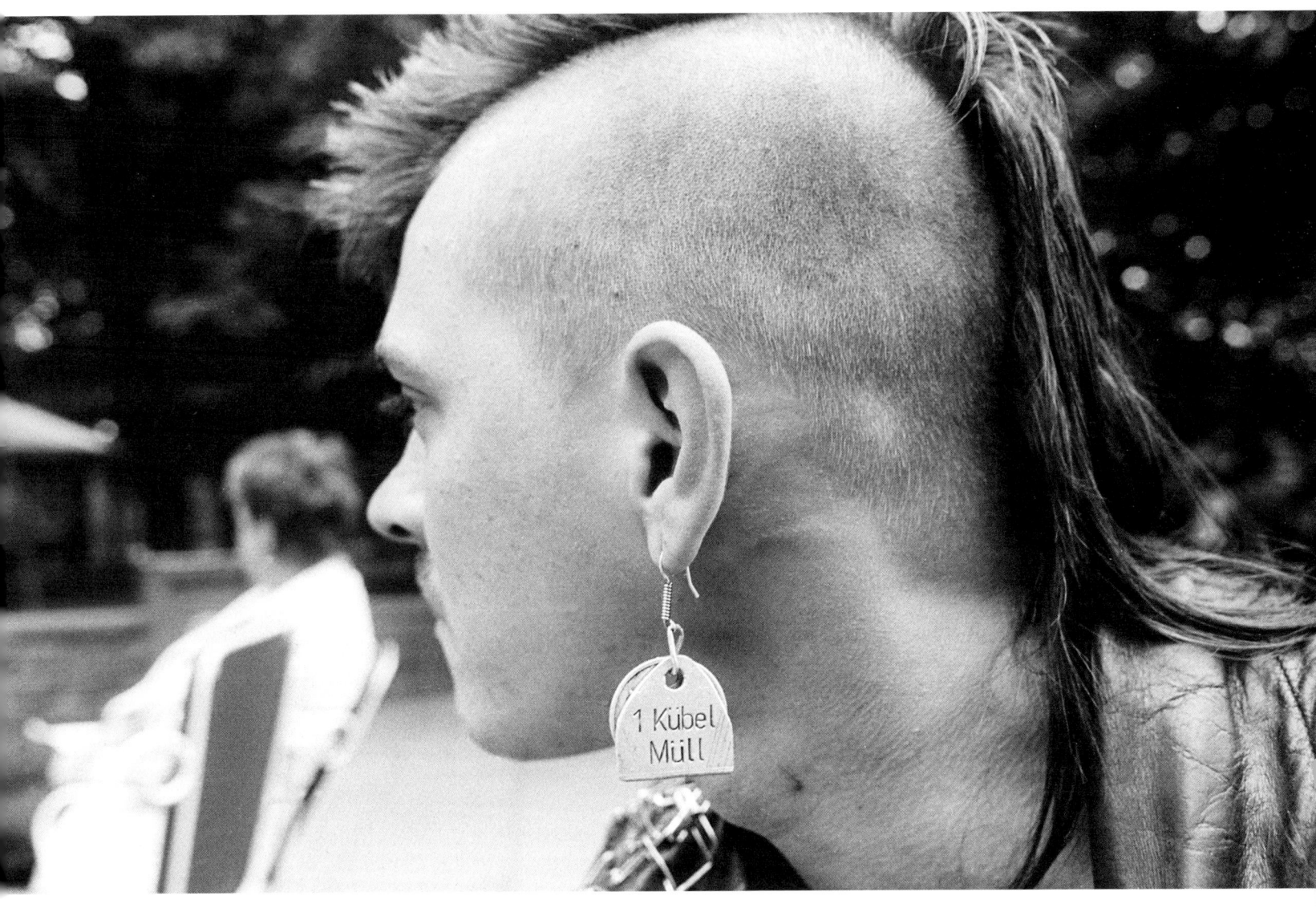

Punk im Park am Weinbergsweg (1988)

Marienkirche, Reste einer aufgelösten Menschenkette als Friedensdemo (1983)

Geschlossener Laden in der Hans-Otto-Straße (1983)

Ausreiseparty in der Choriner Straße (1986)

Durch die Mauer geteilter Friedhof an der Liesenstraße (1986)

Brandenburger Tor mit Mauer (1982)

Großdemonstration gegen das SED-Regime am 4. November 1989

Fünf Tage vor dem Mauerfall: Eine halbe Million Menschen am Alex

Ein Volk rebelliert

Müll – Leipziger Straße, Ecke Jerusalemer Straße (1990)

114

I

Ein heller Tag. Du trittst aus der Tür, und Zuversicht über-
fällt dich. Die Stadt liegt vor dir. Häuser rieseln auf Geh-
steige. Und freudig atmest du Straßen ein.

Bevor ich in Berlin lebte, lebte Berlin in mir. Der Drang,
dorthin zu fahren. Als Kind mit den Eltern. Einmal im Jahr
bei der Rückreise vom Ostsee-Urlaub.

U-Bahn-Sehnsucht. Nur in Berlin konnte ich unter die
Straße steigen und durch das Dunkel gleiten – dann
entlassen in das künstliche Licht eines Bahnhofes. Und
ich hastete an der Hand der Mutter den Ausgang
hinauf, trat an einer Stelle ins Freie, die nichts mit dem
Ort des Einstiegs verband. Schroffe Schnitte der Bilder,
rascher Erlebniswechsel. Jeden Moment registrierten
die Augen hier doppelt so viel. Das war anstrengend.
Das war schön. Eben kein gemütlicher Spaziergang im
Heimatstädtchen, kein beschauliches Promenieren am
Ostseestrand.

In Berlin schien vieles ungewiss. Offen. Möglich.
Abenteuer in der beängstigend großen, faszinierend
lebendigen Stadt. Und erst ihr westlicher Teil: Kaugummi-
automaten mit nie gesehenen Schätzen. Zu Mittag
Bananen. An Häuserwänden glitzerten Leuchtreklamen.

Zu Hause legte ich auf dem Vorkriegsplattenspieler
gern eine schwarze Scheibe auf: „Du bist verrückt, mein
Kind, du musst nach Berlin, wo die Verrückten sind,
da gehörst du hin." Ja, das reizte. Nicht als Ziel vor
den Augen, eher als stete Verlockung im Hinterkopf.
Ob ich je so verrückt sein würde, dass ich nach Berlin
gehörte?

Da die Platte oft auf dem Dachboden meines Opas
erschallte, untersagte er ihr Abspielen. Die Nachbarin
stamme aus Berlin, sie sollte sich nicht provoziert fühlen.

Ein Morgen, bevor der Tag ihn erfasst.
Der Duft frischer Brötchen und flüchtig gewaschener
Menschen, die gequält ins Leere starren.

Ein Mann nimmt die Mütze vom Kopf, weil er sich
kratzen muss. Fragend sieht er umher, als ob etwas
juckt, was er nicht begreift.

Das letzte Gelächter der vergangenen Nacht.

Eine schöne Frau schreitet vorbei.

Der Bäcker eilt jammernd zwischen angebrannten

Schrippen und dem Blech mit verkohltem Kuchen hin
und her.

Kinder ziehen zur Schule, und drei beschließen,
ihren Unterricht um eine Stunde zu kürzen.

„VEB Berliner Strickmode nutzt jede Minute: Zeit darf
nicht durch die Maschen schlüpfen!" spornt die druck-
frische Zeitung an.

Jede Erinnerung an diese Stadt ist mit dem ihr eigenen
Tempo verbunden. Von Straßen und öffentlichen Ver-
kehrsmitteln diktiert, mit Variationen für verschiedene
Tageszeiten.

Eilen oder Schlendern. Hektisches Anrempeln oder
gelassenes Flanieren. Hier neigt jeder zu den Extremen.

Ausnahmen: Eltern, die Kinder ausfahren. Alte Leute,
die nicht so schnell können. Auf der Straße tätige Arbeiter, patrouillierende Polizisten. Oder Beamte in Zivil, die
durch betont gleichgültiges Schlendern ein gleichgültiges Schlendern vortäuschen.

Nach einem, der mit wechselndem Partner am
Alexanderplatz läuft, halte ich bewusst Ausschau. Ein
prägnant durchschnittlicher Typ. Manchmal spaziere
ich suchend über den Platz. Bin beruhigt, wenn ich ihn
sehe.

Einmal grüße ich versehentlich. Er errötet. Und spa-
ziert hinterher, bis zur Mokkastube.

Ich nehme Platz bei zwei Punks, die stumm und heftig das schwarze Wasser in den Tassen umrühren. Was
verbindet sie mit dem, der vor dem Fenster abdreht und
sich anderen Objekten zuwendet? Beide denken, dass
irgendetwas geschehen könnte. Der eine befürchtet, die
anderen erhoffen es.

Nichts als ihre Ruhe wollen fünf Touristen haben, die
hereinstürzen und auf freie Stühle fallen. Sie schimpfen,
was es alles gibt in dieser Stadt. Klagen über Entfernun-
gen von Geschäft zu Geschäft. Jammern, was es alles
nicht gibt. Pflastermüde – oft gestöhntes Wort. Dabei
gibt es in der Stadtmitte kaum Pflastersteine.

Ein Sturm malt den Himmel blau.

Wind fegt die Straßen, knirscht zwischen den Zäh-
nen.

Zwei Frauen reißt er den Hut vom Kopf.

Du stemmst dich gegen die Bö.

Sie zeichnet Spuren in den Straßendreck.

Seltsame, rätselhafte Zeichen.

Da waren die Abstecher als Jugendlicher. Allein, mit Freund oder Freundin. Häufig Probleme beim Trampen. Auf der Autobahn vor Berlin Polizeikontrollen, Mitfahrer sortierte man gelegentlich aus.

Und in der Stadt die Suche nach Leuten, die man einmal besuchen konnte. In Cafés, Kneipen, Kinos, Ausstellungen, im Theater. Gemeinsame äußere Zeichen wie lange Haare, Kutten – im Idealfall ein Originalparka – erleichterten Kontakte. Zum Beispiel bei Rockkonzerten im legendären „Rübezahl", jetzt ein auf gutbürgerlich getrimmter Gaststättenkomplex am Müggelsee.

Bei einer der ersten Reisen mein vergeblicher Versuch, die Nacht mit Freundin auf der Parkbank zu verbringen. Zweimal verscheuchen uns Männer, die vor Polizeihelfern warnen. Dann ein Polizeihelfer, der das Nahen eines Polizisten androht. Zur vierten Bank kommt ein Polizist und meldet unsere Namen der Zentrale. Fahndungskontrolle. Sie suchen ausgerissene minderjährige Mädchen. „Jeden Sommer hauen Dutzende in die Hauptstadt ab", erklärt der Uniformierte entschuldigend. Reicht die Ausweise zurück. Rät, es auf einer Bank in einem Vorort zu versuchen.

Wir fahren zum Ostbahnhof, um in der „Mitropa"-Gaststätte die Nacht abzusitzen, ab und zu an einer Brause nippend. Schlafen können wir am nächsten Tag im Bad oder im Zug.

Einer mit wahnsinnig langen Haaren spricht uns an. Erzählt, dass er jedes Wochenende den Konzerten seiner Lieblingsgruppe hinterhertrampt. Mit Berlin-Abstecher. Sein Übernachtungstipp: sich mit der S-Bahn ins Depot kutschieren lassen. Heute wartet er auf eine Freundin. Drei Stunden Verspätung, na ja, bei diesen sturen Autofahrern faule einem beim Trampen oft der Arm ab.

Zwei Polizisten schlendern durch den Raum, die Gäste musternd. Drei dösen am Tisch, entziehen ihr Gesicht der Kontrolle. Die Streife entfernt sich wortlos. Und wir reden den Rest der Nacht gegen die Müdigkeit an.

Ein Lächeln, das du auffängst.
Du zögerst, es zu erwidern. Unsicher, ob es dir galt.

Ich rede mit Harald Hauswald über diese Zeit. Unsere Erfahrungen unterscheiden sich. Er stammt aus dem „Tal der Ahnungslosen", der westfernsehfreien Gegend

im Land. In Berlin erhielten für ihn anonyme Pop-Idole Fernseh-Fleisch und -Blut. Die ersten Westwagen auf der Straße sah er dort, Cola gab es eher. Der Handel mit Westschallplatten nahm hier seinen Anfang, zweihundert Mark das Stück. Man überspielte Bänder, las verbotene Bücher, bekam Tipps, wo wann was steigt: Feten oder Auftritte von Bands.

Denn nicht alles, was Berlin ausheckte, startete in Berlin. Es war Anlaufzentrale, unaufhörlich arbeitender Motor, von dem sich jedermann Energie abzapfte. Alle Fäden liefen da zusammen, wurden zum unentwirrbaren Knäuel. Das Gefühl, näher dran zu sein. An der Welt, die weitgehend der andere Teil der Stadt repräsentierte. Der Westen im Osten.

Auch ich suchte das zu Hause Vermisste und spürte den Sog, der aufgeweckte Leute dorthin trieb. Ich bewunderte die Selbstsicherheit der Berliner, ihr offenes Reden über heikle Dinge. Doch Westfernsehen war für Weimar, Erfurt oder Gera alltäglich. Rundfunksender empfingen wir in Thüringen mehr. Intensives Hören frecher Jugendsendungen weckte Sehnsucht nach revolutionären Veränderungen. Der Preis eines Che-Guevara-Posters lag knapp unter dem der Rolling Stones. Freunde dachten wie ich, sicher eine Minderheit, uns reizte jedenfalls die Hauptstadt auch als Möglichkeit, kritische Westinformationen aus erster Hand zu bekommen. Ich traf Maoisten, hörte zum ersten Mal den Begriff „Anarchosyndikalismus". Ich denke an die Black Panther Party, Sektion Jena, die wir gründeten. Aus Berlin kam erstes Studienmaterial. Darunter hasssprühende Anklagen eines farbigen Bürgerrechtlers gegen die Regierung seines Landes. Wir diskutierten heftig über seine einzige kritische Anmerkung zur sowjetischen Politik: Sie versäume es, die Zentren des amerikanischen Industriekapitals mit Atombomben auszuradieren.

Im Frühling öfter das Gefühl, in einer anderen Stadt zu sein. Eine, die nach Neugier und Aufbruch riecht.
Fremde Sprachen bevölkern Straßen. Farben erblühen, selbst das Grau leuchtet.
Dir zerbröckeln die Worte „Einsicht" und „Notwendigkeit".

Auch so entstehen Kontakte.
Jemand sucht jemand, hat die Anschrift verlegt, weiß

nur die Straße. Schreibt „Meld dich mal!" an den Gesuchten, schätzt eine Hausnummer, fügt den Absender hinzu.

Tage später kommt die Karte mit Vermerk des Zustellers zurück: „Alles durchforscht, nicht zu finden, suche ihn selbst. Auch Schulden bei dir?" Dazu die Adresse des Postboten, auf den letzten weißen Fleck gezwängt.

Kontakte entstehen auch so.

„Ich verfolge eine Frau, um sie anzusprechen", berichtet ein Freund, „hole sie ein, da erblicke ich ein noch tolleres Weib. In die entgegengesetzte Richtung schreitend. In die ich zurückeile. Als von links eine vorbeiwippt — verfluchte Neugier, Wendung um neunzig Grad, hinterher! Ehe die sich umdreht, taucht auf der anderen Straßenseite eine auf, die mir den Atem stocken lässt. Ich spurte heran, sie verschwindet im Hausflur. Fällt dir auf, dass interessante Frauen stets die entgegengesetzte S-Bahn benutzen?", klagt der Freund, mustert eine Passantin und verabschiedet sich.

So entstehen Kontakte auch.

Man gehe in intershoploser Gegend mit auffälligen Waren umher. Rasch treffen einen Kennerblicke, die mögliche Quellen rekonstruieren. Und die Kundschafter seltener Delikatessen eilen dorthin. Oder fragen beim Netzträger nach, und ein Gespräch beginnt, in dem es vorerst um Einkaufsfragen geht.

Unaufhörlich Kontakte.

Beim Aussteigen aus der S-Bahn grüßt eine Frau, die ich nicht kenne. Hilflos erwidere ich: „Hallo, guten Tag." Sie lacht, steigt ein, und ich versuche, mich zu erinnern. Ergebnislos.

Ich wandere durch ein Haus, Bekannte sollen hierhergezogen sein. Da öffnet sich eine Tür, ein Knirps steckt seinen Kopf heraus: „Bist du ein Einbrecher?"

„Eigentlich nicht."

„Schade. So langweilig. Kannst reinkommen und mitspielen." Ich lehne freundlich ab.

„Schicke den ersten Einbrecher hoch, den du siehst. Er darf auch von meinen Spielsachen was stehlen. Aber keinen Mörder!"

Ich verspreche es und suche weiter.

Die Gier nach dem Besonderen. Pferderennen in Hoppegarten und Karlshorst. Eine wettsüchtige Atmosphäre, neben offiziellen existieren illegale private Wettbüros. Da kann auf Pferde in Paris oder London gesetzt werden. Auch Hunderennen finden statt — exotische Nischen in der ganz auf olympische Medaillen ausgerichteten Sportförderung.

Oder der Vergnügungspark Plänterwald. Er beherbergt die ersten und bis zum heutigen Tag einzigen fest installierten Computerspiele im Land.

Als Student besuchte ich jeden Monat die Stadt. Ich fuhr per Zug. Und amüsierte mich über die regelmäßigen Diskussionen mit der Kontrolleurin. Jeder Berlin-Fahrer aus unserer Gegend löste eine internationale Fahrkarte bis zur ersten Station auf polnischem Gebiet. Dieses unscheinbare Grenzdorf müsste in den Siebzigerjahren laut Reichsbahnstatistik das meistbesuchte Städtchen Polens gewesen sein. Von Dresden aus funktionierte der Trick nur bei der Rückfahrt mit Děčín (ČSSR) als Reiseziel.

Die Kontrolleurin tobte: Wir wollten ja gar nicht nach Polen, würden den günstigen Tarif missbrauchen, Betrug sei das, entweder nachzahlen oder sie übergebe uns der Transportpolizei. Zur Bekräftigung ihrer Warnung kassierte die Dame Ausweise und Fahrkarten ein, reichte sie vor Berlin kommentarlos zurück. Denn jeder Reisende hat das Recht, seine Fahrt zu unterbrechen. Der Streit mit ihr bot die Möglichkeit, Gleichgesinnte kennenzulernen. Warum denke ich nur an Frauen als Akteure dieser Auseinandersetzungen? Männer kontrollierten ebenfalls. Nahmen sie es weniger genau? Fehlte ihren Stimmen der schrille nachklingende Ton?

Vor Wut vergaß die Reichsbahnangestellte manchmal, die Karte zu entwerten. Oder knipste das kleine Loch direkt an den unteren Rand. Mittels Schere ließ sich das Fahrdokument bequem kürzen und war wie neu, nur Millimeter schmaler. Es galt mehrere Monate.

Später funktionierte das nicht mehr. Und private Reisen nach Polen sind seit 1981 nicht mehr drin.

Jedenfalls hätte ich schon als Student gern dort gelebt, wo mehr Leben zu sein schien. Zum Glück bestand keine Zuzugssperre mehr für diesen Ort abseits thüringischer Gemütlichkeit, sächsischer Bescheidenheit und mecklenburgischer Borniertheit. Ein hartes Urteil, gewiss, aber das Schild „Langhaarige und Hunde haben keinen Zutritt!" sah ich vor einer Küstengaststätte, als man sich in anderen Landesteilen schon nicht mehr nach langem männlichem Kopfhaar umdrehte. Und jene Frau, der in

Stralsund ein Ordnungshüter das Anlegen eines Gürtels befahl. Ihr Schlamperkleid wirke sonst anstößig. „Sie sind hier nämlich nicht in Berlin!"

Etwas Scharfes, Ätzendes in der Atmosphäre, das einen reize und belebe, notierte Canetti im Berlin der Zwanzigerjahre. Ein aktueller Satz, heute auch auf die Chemieanteile der Luft zu beziehen.

Der eigentümliche Magnetismus von Warteschlangen.
Wo beim Einkaufen die meisten stehen, stellen sich noch mehr dazu.

Sich reiben an einer Stadt.
Ein Junge steht auf, bietet einer Frau seinen Platz an. Seine Mutter schimpft, weil sie ihm den reserviert hat: „Noch mal stehst du nicht auf!" Die nun Sitzende entgegnet: „Der hat eben mehr Anstand als Sie!"
Anrempeln als Form des Körperkontaktes.
Ein Mann sitzt auf einem parkenden Wartburg. Die Autobesitzerin rennt herbei, spielt verrückt. „Verschwinde! Ich lass mir mein Auto nicht kaputt machen, ich hole die Polizei!" Sie zerrt brüllend an dem Mann, der ruhig aufsteht, sich gelassen entfernt. Er wollte nur kurz ausruhen. Die Frau zetert weiter, ruft nach Zeugen. Es dämmert, ein Nachbar kommt mit Taschenlampe, gemeinsam untersuchen sie den Lack.
Das Trainieren der richtigen Umgangsformen.
„Ihr Kind ist zu weich", sagt die Kindergärtnerin, „ein Junge, und lässt sich alles gefallen. Haut nie zurück, wenn er angegriffen wird." Die Mutter ist ratlos. Die Kinderbetreuerin rät: „Üben Sie das doch jeden Abend." Die Mutter schlägt nun regelmäßig vor dem Zubettgehen ihren Sohn unerwartet. Fordert auf, kräftig zurückzuhauen. Als er ihr beim Mittagessen einen Hieb ins Gesicht gibt, stellt sie das Training ein. Zumal die Erzieherin bestätigt, er setze sich jetzt energischer durch. Sie solle nur darauf achten, dass er andere nicht mit scharfkantigen Gegenständen zu verletzen suche.
Und überall Möglichkeiten, sich kennenzulernen.
Zwei Hunde springen aufeinander zu, necken sich. Die Herrchen rennen hinterher und diskutieren. Während die Tiere das Liebesspiel beginnen, boxen sich ihre Halter. Alles eine Rassenfrage, wer darf mit wem. Den Streit schlichten die Hunde – sie rennen in zwei

Richtungen davon. Die Männer ihnen nach. Der eine „Tarzan, Tarzan!" rufend, der zweite Katzenlaute imitierend.

In der U-Bahn.
„Gerade hinsetzen!", befiehlt der Vater.
Zwei Männer verbessern ruckartig ihre Sitzhaltung.
Der Sohn lümmelt unbeeindruckt weiter auf seiner Bank.

1977 war es geschafft. Wir zogen um. Meiner Frau stand als Lehrerin eine Wohnung zu, die Anstellung erkämpfte sie mühsam. Es gab Einwände, man sprach von besonderen politischen Anforderungen.
Harald schlüpfte im selben Jahr in die Stadt – auf nicht legalem Weg. Nein, nicht durch Bestechung. Außer prinzipiellen Skrupeln versperrt Geldmangel den Jüngeren meist diese Variante. Er wählte die populäre Methode: heimlich in eine leer stehende Wohnung einziehen. Und diese erstbeste Bruchbude bei nächster Gelegenheit gegen eine günstigere Bleibe eintauschen. Und das so lange, bis man sich heimisch fühlt.
Wer Anonymität sucht, landet zwangsläufig hier. Wer vom Landleben träumt, muss die einzige wirkliche Großstadt der DDR abscheulich finden. Berlin – Verkörperung der Stadt schlechthin.
Außerdem reizt der Ort als konzentrierter Ausdruck des Staates. Die Präsenz der Macht samt ihrem Inventar. Alle Widersprüche verdichten sich, wer wissen will, wo er lebt, spürt es hier. Wo man überwachter und doch freier als im überschaubaren Rest der Republik ist.
So bietet sich die beste Chance, aus der engen vaterländischen Haut zu kriechen und doch im Lande zu bleiben. Berlin als internationale Stadt – beileibe keine Metropole, Sicherheitsrituale stemmen sich dem entgegen. Aber Besucher, kulturelle Veranstaltungen, internationale Einrichtungen, Diplomaten hinterlassen Spuren.
Ich sehe englische, französische und amerikanische Soldaten herumspazieren. Im Kaufhaus suchen sie nach Sportgeräten und betrachten interessiert die Leute. Die ärgsten Klassenfeinde, Angehörige imperialistischer Armeen, mitten unter uns – friedlich durch Straßen schlendernd. Als sei es normal. Ich weiß sonst keinen Ort der Welt, wo dies möglich wäre. Natür-

lich, es gibt historische Gründe – dieselben, die zur Teilung der ehemaligen Reichshauptstadt führten. Doch erkenne ich in den spezifischen politischen Gegebenheiten eine weitere Dimension dieser mitteleuropäischen Stadt: Spannungsbarometer und Entspannungsbeschleuniger.

Du lebst im Schaufenster der Republik.
Zur Dekoration gehörend?

„Wenn es wärmer wird, schwärmen Freunde aus, Wohnungen suchen. Sie haben Urlaub genommen oder arbeiten momentan ohnehin nicht und sind zu träge, nochmals Vertröstungen der zuständigen Behörde zu hören, eine weitere Eingabe zu entwerfen oder sich eine andere Form der Hoffnung zu erfinden. Sie überqueren die Straßen im älteren Teil dieser Stadt und nicken kurz, wenn sie einander begegnen. Ihre Blicke jagen über Fassaden zu beiden Seiten der Fahrbahn, auf der Suche nach gardinenlosen Fenstern. Zäh durchsteigen sie Treppenhäuser, Quergebäude, wandern über Hinterhöfe, entziffern Namen ehemaliger Bewohner, klopfen an Türen, sind höflich, holen Auskünfte ein über Räume eine Etage höher / tiefer, nicken, überreden, stimmen zu, bleiben hartnäckig, täuschen den Besitz eines Papiers vor, das zum Betreten der Wohnung berechtigt. Die Freunde erkundigen sich nach neuen Mietern oder erkundigen sich nicht und steigen ein.

Sie benutzen den Dietrich, schrauben notfalls das Schloss heraus oder drücken die Tür einfach auf. Sind sie drin und willens zu bleiben, werden neue Schlösser eingebaut, Gardinen vor die Fenster gehängt, Blumentöpfe aufgestellt. Für Passanten gut sichtbar. Sie streichen die Tür, setzen ein Namensschild neben die Klingel, treffen sich am Abend bei Bekannten, tauschen Erfahrungen und Werkzeuge.

Da wird des einen Sammlung allerlei Geräts zum Öffnen von Türen bewundert, da weiß der andere eine Methode, fast jede mit der Schere aufzukriegen. Einen grüßt schon der Abschnittsbevollmächtigte. Der Zweite flüchtet vor dem Hausbuchverwalter. Einem Dritten helfen Nachbarn beim Ausrümpeln. Vier Häuser weiter klingeln zwei Frauen, halten Ausweise in Brusthöhe, drohen mit Räumung. Ein anderer trinkt mit der herbeigerufenen Frau von der Wohnungsverwaltung Wermut, ist nach dem dritten Glas mit ihr per Du. Und einer hört auf, die Katzenscheiße von den Dielen zu entfernen, entschließt sich, lieber in der alten Behausung zu bleiben.

Manche Wohnungen standen offen. Eine davon war vollständig eingeräumt, als ob sie jemand plötzlich hätte verlassen müssen. Die Freunde verschütten beim Erzählen versehentlich Tee, den sie mit Rum oder Sahne trinken, und begleiten ihre Worte mit lebhaften Gesten. Nicht zu spät verabschiedet man sich, am Morgen geht die Arbeit weiter. Sie schlafen rasch ein und träumen von Zimmern mit verrückbaren Wänden. In Häusern, die durch das Land rollen.“

Der gerade zitierte Text stammt aus dem Jahr 1980. In der Hochzeit West-Berliner Hausbesetzungen fühlten sich hiesige praktizierende Sympathisanten auf der Höhe der Zeit. Nur demonstrationslos. Und bescheidener, denn selten wird ein ganzes Haus bezogen. Inzwischen sind ungenehmigte Wohnungsnutzungen schwieriger geworden. Räumungen, Geldstrafen, konsequentere Wohnraumerfassung erschweren sie. Dennoch wird nach wie vor in leer stehende Räume gezogen, monatelang die Miete bezahlt – manchmal legalisiert man das nachträglich. Die Wohnungsgröße spielt eine Rolle, der eventuell laufende Wohnungsantrag, eingeholte Auskünfte zur Person. Ob sie feste Arbeit habe, fleißig herumwerkele und die Bausubstanz verbessere …

Bestimmungen regeln nicht alles. Einiges schon. Untermietverhältnisse sollen seit Kurzem genehmigungspflichtig sein. Und nur mit Wohnung gelingt eine polizeiliche Anmeldung beim Umzug nach Berlin. Dritter Untermieter in der Einraumklitsche eines Bekannten zieht da eben nicht mehr.

Der Fairness halber eine Korrektur: Über Leerstandsmeldungen kann sich einer legal verbessern. Weist er etwa zehn Wohnungen nach, die seit einem halben Jahr leer stehen, könnte er eine davon bekommen. Doch solche Durchführungsbestimmungen ändern sich oft und werden in den Stadtbezirken unterschiedlich gehandhabt. Eine geförderte Methode, die Wohnung zu wechseln, ist der Tausch. Mit Tauschzentralen bei der Verwaltung, die verzwickteste Ringtäusche zwischen fünf und mehr Partnern organisieren. Für den, der eine tauschfähige Wohnung hat.

„Verdammt", klagt einer, „eine Woche zu früh. Und wir kein Schriftstück in der Hand mit ihrem Wunsch zu tauschen. Wollte uns zuliebe zu den Kindern ziehen. Die tolle Wohnung, futsch. Hätte sie die Woche mit dem Sterben nicht noch warten können?!"

Balkonsturz in der Lychener Straße. Verdächtige Geräusche lassen ein Paar die Unterhaltung im Freien beenden. Etwas bricht ab und beschädigt einen Stock tiefer die Blumenkästen. Rasch kommt die Feuerwehr, hackt den Restbalkon weg. Die Wohnungsinhaber sehen durch die offene Tür zu. Leute versammeln sich auf der Straße und spekulieren, welcher als Nächster dran sei.

Jetzt ziehen Harald und ich wieder um. In eine größere Wohnung, fast zur selben Zeit und legal. Ich nach fünfjährigem Briefwechsel mit Ämtern. Anträge, Bitten, sachliche Argumente, Drohungen – ein Ritual von Ungeduldsproben, das dem bevorsteht, der als „wohnraumverbesserungswürdig" befunden werden will.

Hauswalds alte Wohnung sperrte die Hygiene. Taubenzecken krochen in den Arbeitsraum. Die Bisse jener Blutsauger erzeugen Infektionen, die im schlimmsten Fall Gehirnhautentzündung bewirken. Hätte er nicht mehrere Exemplare im Fixierbad seiner Dunkelkammer gefunden und dem Arzt gezeigt, wüsste der vielleicht heute noch nicht, warum sein Patient so oft Entzündungen und Schwellungen bekam. Die Tiere reagieren sensibel auf Wärme und Gerüche, ein anderer Freund vermiest ihnen mit ständigem Desinfizieren der Fenster den Einstieg.

Einzelfälle, untypisch? Oder tauchen diese Vampire vom Prenzlauer Berg häufiger auf?

Krankenintensivproduktion Berlin.

Als dir dieses Wort einfiel, dachtest du nicht an körperliche Leiden.

Ich sehe zwei Polizisten, hinter einer Ecke versteckt, zwei Polizisten beobachten, die auf dem Bürgersteig ihre Pflicht tun, die darin besteht, langsam entlangzuschlendern und nichts zu tun, als ein Gefühl von Ordnung zu verbreiten. Ich sehe die Polizisten auf ihre Kollegen zeigen und lachen.

Sekunden später erzähle ich es einem Freund, wir sitzen auf einer Bank, als ein fünfter Polizist naht und unsere Ausweise sehen will. Gern reichen wir sie ihm. Er blättert darin wie der Kenner in einem Band moderner Lyrik. Gibt sie zögernd zurück. Ich wünsche einen „Guten Dienst". Der Uniformierte stutzt, zieht es vor, sich zu bedanken, und geht hastig fort.

Eine Taube berührt fast unsere Köpfe, die ihr nicht wichtig genug scheinen, um die Flugbahn zu ändern. Wir scheren sie einen Dreck, den sie prompt vor der Bank ablässt. Guter Dinge kaufen wir zwei Currywürste, die Verkäuferin nickt freundlich und vertraut. Da eilt ein Hund vorbei, im Maul einen Ball. Da sehen wir ein Kind sich in die Mülltonnen wühlen. Auf Schatzsuche, für Mutti zum Geburtstag. Später spielen zwei junge Männer Tennis in der S-Bahn. Flott und sicher schlagen sie den Ball über acht Köpfe hinweg. Und alle sehen belustigt zu.

II

Über der Straße hängen Möwen in der Luft.

Sie kommen nicht voran, zu stark der Wind.

Sie wollen sich nicht abdrängen lassen.

Regungslos liegen sie über den Menschen und schreien.

Ich treffe einen Mann, der in mir den Bekannten wiedererkennt. Verblüfft erinnere ich mich. Vor zehn Jahren verließ Bertram seine kleine Heimatstadt in der DDR. Das Land war ihm zu eng. Keine Möglichkeit, es probehalber zu wechseln – also Übersiedlung in die Bundesrepublik. Später West-Berlin. Nach zehn Jahren Einreisesperre darf er zum ersten Besuch zurück.

„Damals lehnte ich diese hektische Stadt ab. Jetzt reizt mich Ost-Berlin ungemein." Er spricht dialektfrei und raschelt mit einem Bündel Broschüren. Alles, was der Informationskiosk anbot.

Sehr hat er sich äußerlich nicht verändert. Am Brillengestell, den Schuhen, der Art sich zu bewegen, erkenne ich den Westler. Bertram bittet diskret energisch um eine Stadtführung. Die Sehenswürdigkeiten. Und was mir sonst wichtig sei.

Ich gehe neben einem Fremden über den Alexanderplatz. Brunnen, Hotel Stadt-Berlin, Centrum-Warenhaus. Er weist auf Dinge hin, die er für interessant hält.

Ich nicke höflichkeitshalber. Und beobachte ihn. Wir passieren die Weltzeituhr. Beliebter Treffpunkt für Besucher, da nicht zu verwechseln. Im Kaufhaus schubsen sich Kinder, um vor den anderen die Rolltreppe zu betreten. Daneben ein Riesengedränge, zum ersten Mal verkauft man Kosmetik in grellen Schockfarben. Wenige Meter weiter stehen an der Kasse ein amerikanischer Offizier und ein Major der Nationalen Volksarmee hintereinander an. Beide erwerben eine DDR-Fahne.

Die Gardine zittert. Zwei Türen öffnen sich. Geschirr im Kühlschrank klirrt kurz und intensiv. Die Zahnschmerzen sind plötzlich weg. Und eine Vase kippt vom Fernsehapparat.

Ein Erdbeben, Stärke eins auf der Richterskala, weiß anderntags die Zeitung.

Wir umkreisen den Fernsehturm.

Als Wahrzeichen von der Bevölkerung angenommen wie kaum ein anderer Repräsentationsbau der letzten Jahrzehnte. Spitznamen setzten sich nicht durch – weder geförderte („Telespargel") noch spöttisch verbreitete („Penis der Republik", „Ulbrichts Kathedrale" – wegen des sich auf der Turmkuppel bei Sonne zeigenden Lichtkreuzes). Ein steinerner Riesenfinger, streng nach oben gereckt. Wem zur Mahnung?

Bertram wäre gern hochgefahren, zur Aussichtsplattform oder ins Café, wie meist stehen zu viele Touristen an der Kasse. Der Blick von oben lockt, füllt sich doch ein gelber Fleck auf dem Stadtplan mit Straßen und Gebäuden – West-Berlin. Während die Gäste im Café spekulieren, was wo sein könnte, dreht sich die Kuppel um die eigene Achse. Pro Stunde eine Umdrehung, dann müssen die Besucher den Nachrückenden weichen. Nur das Staunen über jene so viel größere Stadt als die täglich gekannte ändert sich nicht. Manchem wird es mulmig bei der Vorstellung, alles erkunden zu müssen. Andere starren in den für sie unerreichbaren Teil, süchtig in ihrer Sehnsucht.

„Ein kleineres Abbild des Moskauer Fernsehturms", konstatiert mein Begleiter, „wohl als Trost für die Mauer errichtet."

Ich betrachte ihn verwundert. Solche Gedanken traute ich dem Besucher nicht zu. Ich schlage vor, auf dem Boden zu bleiben und einen Kaffee zu trinken.

Dunkelheit lässt die Stadt schrumpfen.

Von oben betrachtet leuchtet die von Scheinwerfern bestrahlte Mauer wie ein Brillantreif.

Ein Schmuck, dessen kostbarer Glanz keine Berührung gestattet.

In einem als Treffpunkt beliebten Café neben der Hauptpost, Spitzname „Tute", nippen wir an der dritten Tasse Mokka. Auffälliges Publikum. Wenige Punks, Skinheads, zahlreiche proper und poppig herausgeputzte New-Wave-Typen. Einzelne Blues- und Heavy-Metal-Fans. Althippies, die sich nicht modisch zurechtstutzen wollen. Vermischt mit eifrig redenden Malern und künftige Projekte ausmalenden Dichtern. Die Anwesenden erfahren voneinander, wo und wann sich wer trifft, in welchem Club die nächste Ausstellung, alternative Modenschau oder Performance steigt. Wer im Westen, im Knast oder in einer neuen Wohnung ist.

„Die da", zeigt einer auf eine, mit der er seit zwei Jahren schlafen will, „die gibt sich seit Kurzem lesbisch. Die dritte Bekannte dieses Jahr, der neue Trend." Er sitzt am Nachbartisch rechts, fragt nach einer Zigarette. Ich überlege, ob er Maler, Friedhofsgärtner oder Filmvorführer ist. Oder war.

„Das Fehlen von Reklame entspannt die Augen, richtig erholsam hier", meint Bertram und weist auf die Fläche zwischen Rathauspassage und Karl-Liebknecht-Straße.

„Viel Platz für Plätze", murmle ich.

„Kahle Köpfe für kahle Plätze", ergänzt unser Nachbar und deutet auf zwei Skinheads. „Leere Räume treiben Neugier aus, alles verlangt nach Masse, nichts verleitet zum Suchen.

Irritiert sieht der ehemalige Ostler den ergrimmt Verstummten an. „Unsere Zielstellung: die Kapazität der Schweineschlachtung um täglich dreihundert erhöhen", verspricht ein Neuerer des Fleischkombinats im Radio. Vor weiteren Verpflichtungen wechselt der Sender. Rias Berlin knüpft fortan den Klangteppich im Raum.

Ich frage unseren Nachbarn vorsichtig nach seinem Ausreiseantrag. Bin unsicher, ob er ihn gestellt oder nur über die Möglichkeit meditiert hat. Er winkt ab: „Zurückgezogen. Wo's mich anstinkt, gefällt's mir. Pervers veranlagt – alles klar?!" Er spricht die Sätze sehr laut und geht zu einem anderen Tisch.

„Glaub dem kein Wort. Jahrelang erzählt er vom Antrag und hat gar keinen. Jetzt ist alles genehmigt, der Laufzettel durch, kann täglich losgehen – und er tut, als ob er nicht weg will." Im Vorbeigehen flüstert uns das eine Frau zu, die ich immer mit der Freundin eines Freundes verwechsle.

Bertrams Blick verrät Hilflosigkeit. Wir verlassen den Raum mit dem riesigen Posthorn an der Decke.

Drei Wochen später Renovierung der „Tute". Monate danach wird sie als Würstchenbude wiedereröffnet. Stehtische, Normaltouristen. Ihr widerfährt das Schicksal all jener Orte, an denen sich zu konzentriert ein Publikum sammelt, das zu sehr nach „Aussteigern" riecht. Der „Fengler" in der Lychener Straße, das „Mosaik" in der Prenzlauer Allee, gerade wird das „Wiener Café" an der Schönhauser überholt. Erneuerung als Zerstörung, zum Beispiel liebevoll schmuddlige Atmosphäre, ist eingeplant – oft die Einrichtung in die nächsthöhere Preisklasse verpflichtend.

Vor uns der Palast der Republik, hinter uns das Ministerium für Hoch- und Fachschulwesen, rechts das Staatsratsgebäude. Die Dreieinigkeit der Kastenarchitektur.

Rundherum blüht Restaurierung. Im Nikolaiviertel entstehen historische Bauten, die dort nie gestanden haben. Enge Gassen, alte Brunnen, Laternen, historische Straßenschilder …

Die Gegenwart manifestiert sich im Palast. „Hinter festen Marmormauern schlägt das Herz der Republik", verkündet ein Dichter zu seiner Eröffnung. Mindestens das Herzblut fließt aus dem drei Steinwürfe entfernten ehemaligen Bankgebäude zu – heute Sitz des Zentralkomitees der Sozialistischen Einheitspartei Deutschlands.

Bertram lächelt über die Herzmetapher. Sie begegnet ihm hier oft. Aufopferungssymbolik, Blut ohne Boden. Überhaupt lächelt Bertram häufig, als wir durch das „Haus des Volkes" schlendern. Und nicht herablassend, wie ich am Anfang dachte. Er hat recht, die riesigen Bilder im zweiten Stock kann man langweilig

oder lustig finden. Ich erzähle von dem Bekannten, der die Belüftungsanlage reparieren musste, weil Küchendüfte in die Volkskammer einsickerten. Und ein Freund flüchtete vor einem Gewitterguss in das Gebäude. Da regnete es durch das Dach, plätscherte fleißig die Treppen herunter. Beamte rannten mit Schirmen umher, ein Fotografieren dieses Malheurs zu verhindern. Das war fünf Jahre nach der Eröffnung, der Spottname „Palazzo Prozzi" verblasste allmählich. Er spielte auf die ständig steigenden Kosten an. Der Baugrund sei bröcklig, der Palast zu schwer und auf der linken Seite schon drei Zentimeter gesunken, raunte ein Architekt meinem Freund zu.

„Wie in Venedig!", schwärmt Bertram. Und staunt, dass jenes Ding gewichtiger sein soll als der östliche Teil des Stadtschlosses. Der befand sich ursprünglich an dieser Stelle. Nach Kriegsende trug man die Ruine voreilig ab. Vielleicht wird der PdR einem wieder aufzubauenden Schloss einmal weichen müssen?

Die bunten Busse ausländischer Reisegesellschaften. Unaufhörlich rollen sie dir entgegen.

Jene gelangweilt interessierten Blicke der Insassen. Der Ostabstecher als lästige Pflichtübung eines Berlin-Besuches?

Die leeren Etagen ermüden. Dieser Ort verdient den anfänglichen Spottnamen wirklich nicht. Zu dürftig der Prunk, gezügelter, exakt geplanter Überfluss an verbautem Raum. Auswärtige sprechen oft vom Lampenladen, wegen der zahlreichen Glühbirnen, die allabendlich beeindrucken, wenn sonst mit Strom gespart werden soll.

Ein korpulenter Aufpasser ermahnt zwei ältere Kinder, sich nicht auf die Sessel zu fläzen.

Seltsam erschöpft treten wir nach draußen. Schnüre klatschen ununterbrochen gegen momentan fahnenlose Metallstangen. Als wäre ein Morseapparat in Betrieb. Das Haus klirrt im Sturm.

„Das internationale Kongresszentrum bei uns ist nicht schöner", tröstet Bertram und wird wieder zum Bundi. Das Elend des Vergleichens. Das schlechte Gewissen auf der Suche nach Ausflüchten. Das eine soll das andere erklären – und alles wird zerredet.

Ohnehin befindet sich der Palast im architektonischen Schatten des Palast-Hotels. Das bauten die Schweden. Wie das Sportzentrum in der Leninallee, eine gern besuchte Mehrzweckanlage. Schwimmhalle, Sauna, Eisbahn, Fitnessräume, Sporthallen, Gaststätten, ein Kinderspielplatz. Zweckmäßig genutzte Räume, die großzügig angelegt wirken. Endlich kann ich mal ein neues Bauwerk vorbehaltlos loben. Denn anders als im Palast-Hotel gilt im Sportzentrum durchweg heimische Währung.

Zwei junge Frauen Hand in Hand.

Auffällig gekleidet, sich ab und zu küssend, ungewohnt selbstbewusst. Ich sehe den Polizeiwagen, der im Schritttempo neben ihnen herfährt. Das Pärchen läuft am „Internationalen Pressezentrum" vorbei. Die Angestellten vom Einlassdienst eilen heraus und starren ihnen nach.

Der Dom gegenüber dem Palast. Eine Sehenswürdigkeit, die kaum übersehen werden kann. Preußens Protz und Gloria, seit 1974 wird an ihm und in ihm restauriert.

„Vierzig Millionen verbaut", sagt mir ein kirchlicher Mitarbeiter, „und es werden mehr, eine Fehlinvestition." Ob dieses Bauwerk spätgründerzeitlicher Architektur erhaltenswerte Bausubstanz ist, sei umstritten. Die Kirche werde vom Staat gezwungen, ihr Geld, ihr aus dem Westen einfließendes Geld, in die Erneuerung zu stecken. Dabei brauche sie es wahrlich für andere Dinge.

Ich verstand und widersprach dennoch. In der Kirche gibt es garantiert genug Leute, die diesen imponierenden Bau erhaltungswürdig finden. In der bald wieder zugänglichen Domgruft ruhen die toten Hohenzollern.

Das Leben stellt Kontraste her. Im Eingang zu dem begehbaren Teil des Doms stehen skulpturhafte Objekte Gerd Sonntags, die auf eine Ausstellung mehrerer Künstler hinweisen. Ihr Motto „Götzen Ismen Fetische" amüsiert Bertram. Genauso die beiden strickenden jungen Männer am Einlass. Der eine legt sein Strickzeug beiseite und verkauft uns Eintrittskarten.

Bertram staunt über die experimentell wirkende Kunst an diesem Ort, während wir die Treppe hochsteigen und die Räume durchqueren. Originelle Traummaschinen neben einfältig Zusammengebasteltem. Ein wuchtiger Altar aus drei Zinkbadewannen und labyrinthisch

aufgehängte Stofffetzen. Nicht jedes der ein halbes Jahr gezeigten Werke behauptet sich neben den Steinfiguren des Domes. Eine Herausforderung an die Fantasie der meist zufälligen Besucher sind sie allemal. Ich zeige meinem Westgast das Besucherbuch. Seite um Seite lesen wir uns durch emphatisches Lob und hemmungslose Beschimpfung. Auch Nichtchristen empören sich über die Entweihung dessen, was sie als heilige Stätte vorgeführt bekommen wollen. Sie möchten beeindruckt, aber nicht irritiert werden. Dinge zu respektieren, an die sie nicht glauben, sind sie aus anderen Lebensbereichen gewohnt. Und jede Verunsicherung rührt an der abwehrenden Distanz zu Lebensfragen, zum Beispiel auch den christlichen.

So deute ich die Wut einiger. Deshalb sind aufgeschlossene Christen glücklich, dass solchen Orten durch zeitgenössische Objekte ein anderer Assoziationsraum geschaffen wird.

Friedrichstraße, sechzehn Uhr.

Zwei Mauern aus Menschen. Dazwischen das lebendige Drängen der Automobile.

Unter den Linden entlang, den Weg zum Brandenburger Tor. Links, rechts Zeugnisse der Geschichte. In der Straßenmitte reitet der Alte Fritz. Wir ruhen uns im Innenhof der Staatsbibliothek aus. Ist das Efeu, was an den Wänden dieses romantischen Ortes wuchert? Wir stellen gemeinsame mangelhafte botanische Kenntnisse fest.

Ein Schlenker nach rechts – Pergamonmuseum.

Einer nach links – Platz der Akademie, mit Schauspielhaus, Französischer Kirche und der gerade in Restaurierung befindlichen Deutschen Kirche. Ein schöner Platz, konsequentes Reservat für Geschichte. Die Zukunft der Vergangenheit scheint gesichert, zumindest der preußischen.

Der Bundesbürger begeistert sich. Er könne sich vorstellen, hier zu leben. Ob ein normaler West-Berliner ins hiesige Zentrum ziehen dürfe? Ich zucke ratlos die Schulter. Einheimische brauchen jedenfalls die Genehmigung mehrerer Ministerien, um zum Beispiel in der Rathauspassage wohnen zu dürfen. Das erklärte mir einer, der in der Rathauspassage wohnt.

Wir schreiten über eine steinerne Bodenplatte, die

einen Spruch unseres Staatsratsvorsitzenden trittfest verewigt, und trödeln zum sowjetischen Kulturzentrum. Bertram erzählt von West-Berlin. Sätze, die ich alle schon gehört zu haben glaube. Sie vergrößern nur wieder die Kluft zwischen unseren Gefühlen. Oder blocke ich ab? Will ich gar nicht verstehen? Es gibt keine Perspektive für unsere Freundschaft. Außerdem kannte ich ihn früher auch nicht gut.

Wir stehen vor dem sitzenden Lenin in der Eingangshalle des geräumigen Hauses für Wissenschaft und Kultur. Eine Ausstellung über Energiegewinnung in der Sowjetunion läuft, neben anderen niedlichen Modellen entzücken vielfarbig schillernde Atomkraftwerksimitationen den Arglosen. Im ersten Stock ein Kinosaal, ein Film in russischer Sprache. Ich sehe zwei Besucher, ein Mann mit Kind, in der ersten Reihe.

Jetzt sind wir fasziniert und setzen uns in einen der nicht benutzten Sessel in der Halle. „Wer im Zentrum allein sein will, sollte hierher", stellt Bertram fest.

Häuserfronten.
Kämpfen sie um die Straße?

Ich denke über Momente des Unwirklichen nach. Inseln der Einsamkeit gerade im Zentrum der Macht …

Wir sind wieder auf der historischen Prachtstraße mit den angekränkelten Linden, die ihr den Namen ausleihen. Bunte Zeitschriften im Fenster des französischen Kulturzentrums, das erste eines westlichen Staates. Trotz der Sprachbarriere unter Intellektuellen sehr populär. Mein Begleiter erfreut sich an preußischen Fassaden und weist auf ein imponierendes Gebäude. Zu seiner Enttäuschung muss ich sagen, dass die bestaunte sowjetische Botschaft der erste Neubau in dieser Straße nach dem Zweiten Weltkrieg war.

Dann denkt er laut nach: „Der Reiz des Überflüssigen bei euch. Im Radio sprach einer über eure Art, mit der Zeit umzugehen. Mir springt der Raum ins Auge – Straßen, Plätze, Gebäude verschwenden ihn. Bei uns füllen Geschäftsbauten, kleine Stände, Parkplätze alles aus. Man sieht förmlich, dass ihr nicht so unter Leistungsdruck steht."

„Überflüssig wäre das nur, zielte es nicht auf Wirkung. Ob sich die angestrebte Wirkung herstellt, ist ein anderer Punkt", widerspreche ich unklar. Und sinnie-

re über Rituale, über fehlende ökonomische Zwänge, die kein Gefühl des Freiseins bewirken, wenn außerökonomische existieren … Die Gedanken verheddern sich.

Am Ende dieser Sackgasse verharren wir: Mit Blick zum sechssäuligen Wahrzeichen der Stadt. Das Brandenburger Tor ist der einzige Ort, an dem jeder in Ruhe die Grenze betrachten und fotografieren darf. Kaninchen hoppeln über die Grünflächen im Sperrgebiet. Wo der ehemalige Führerbunker sei?

Mein Arm zeigt nach links. Den Erdhügel kann man nicht sehen. Die letzte Zuflucht des führenden Verbrechers unter den Deutschen wird gerade zugeschüttet. Wohnblocks entstehen, ein Park bedeckt künftig Hitlers Versteck. Wächst Gras über diese Geschichte?

Wir streiten über die richtige Form der Auseinandersetzung mit dem Faschismus. Jeder verdrängt, so gut er kann. Im Zickzack geht es zur Friedrichstraße. Wir passieren: Büro für Urheberrechte, Generalstaatsanwaltschaft der DDR, den Theaterverband, die Büros beider westdeutscher Fernsehanstalten, Ministerium für Kultur / Hauptverwaltung Literatur, die amerikanische Botschaft. Alles brav nebeneinander, selbst die bundesdeutsche Fahne über dem Reichstag und unsere auf dem Brandenburger Tor rücken aus dieser Perspektive eng zusammen.

Diese Stadt als Industriestadt.
Täglich hisst sie ihren Rauch. Eine Schicht aus Schmutz über den Dingen. Jeder riecht das Gleiche und bald nichts mehr.
Doch Klagen langweilen dich. Die Nase, den Düften entwöhnt, braucht den Gestank.

Wir fahren mit der Straßenbahn in die neubaufreien Gebiete. Das übliche Entzücken jedes Westbesuchers, bei Bertram durch seine Vergangenheit gedämpft. Er staunt nicht schon freudig über quietschende Straßenbahnen, Kohlenträger mit Kiepen auf dem Rücken, zwei Pferdefuhrwerke. Bei der ersten Gaslaterne ist er aber nicht mehr zu halten. Und in einer Drogerie erspäht er tatsächlich die Wäschemangel zum Selbstbedienen. Das Szenario eines Films der Zwanzigerjahre.

„Ihr müsst das genau so lassen. Als Museum. Dreck und Gestank gehören dazu." Bertram lächelt wenigstens über seinen Vorschlag. Andere empfehlen das im sich begeisternden Ernst. Tja, warum eigentlich nicht? Warum nur Berlin? Als Museumspark konserviert, rekelt sich das Land im Braunkohlemief. Oder wird zur BDR umgestaltet: Berlinische Demokratische Republik. „Ausbaufähige Gegenden erklärt ihr zu Vororten Berlins, hässliche Teile zum Industriemuseum, den brauchbaren Rest zum Naherholungsgebiet!", schlägt der Besucher vor. Ich kontere: „Oder alles an den Westen verkaufen, außer der Hauptstadt. Die hat dann keine Devisenprobleme mehr."

Ideen purzeln uns von der Zunge. Wir steigen aus und laufen durch Straßen. Gründerzeitstuckfassaden, schwarzgrau. Oft noch mit Löchern, Maschinenpistolen kerbten am Ende des letzten Krieges ihre Mahnung ein.

„Die 35 dort auf dem vergammelten Plakat?! Bei euch kämpft doch die Gewerkschaft nicht für die 35-Stunden-Woche?"

„Nein, Werbereste vom 35. Jahrestag der Republik."

Bertram schüttelt über sich den Kopf. Das hätte er wissen müssen. Aber es mache Spaß, hier herumzugehen. Man würde ganz ruhig und gelassen.

Ich mahne zur Vorsicht und zeige nach unten. Wer vor sich hin träumt, dessen Fuß landet schon mal im Hundekot.

Du fühlst dich wohl im Smog, Waldspaziergänge verursachen Kopfschmerzen.

Wie bei dem Freund, der täglich zwei Packungen der nikotinhaltigsten Zigarette zur Abhärtung raucht. Seine Devise: Gift mit Gift bekämpfen.

Entsteht da der über Jahrzehnte hinweg gesuchte neue Mensch? Geeignet, nicht nur der Zukunft frohgemut entgegenzublicken, sondern selbst ihre Luft zu atmen?

Rasch Abendbrot essen, in die erste Kneipe rein. Im Angebot Bauernfrühstück, Currywurst, Pastete. Bertram verführt mich, Pastete zu bestellen. Ein Fehler. Alle Eintretenden nach uns verlangen Bauernfrühstück oder Currywurst. Ihre Speisen kommen sofort und verbreiten selbst im Tabakqualm einen köstlichen Duft. Wir warten.

Daneben geht es still zu. Fünf Personen würfeln um Streichhölzer. Ein Glücksspiel, jedes Hölzchen ersetzt einen bestimmten Geldbetrag.

Ein Alkoholiker nippelt unaufhörlich an seiner Schnapsflasche. Pumpt sich von der Bedienung einen Verschluss, um die halb geleerte Flasche in der Tasche zu verstauen.

Da betritt ein Offizier das Lokal. Dreht sich um und verlässt es schnurstracks, als er die Art der ihn musternden Blicke wahrnimmt.

Die Frau hinter dem Büfett bringt unaufhörlich Essen aus der Küche. Schenkt Bier und Schnaps nach. Stammgästen serviert sie am Tisch, andere müssen auf Zuruf abholen. Unverbindlich lachend reagiert sie auf sexuelle Angebote der Männer.

Endlich dürfen wir unsere geruchlose, lauwarme Pastete holen. Sie schmeckt bitter. Der Fremdling verrät sich durch diese Bestellung. Zwei in Bauarbeiterkluft am Stehtisch daneben spotten über das Ding auf dem Teller. Diskutieren, ob man das Zeug Hunden vorsetzen dürfe oder ob dann der Tierschutzverein einschreite.

Wer allein sein will, hat hier nichts verloren, denke ich und zwinge mir das Stück Teig in den Mund. Bertram gibt die reichliche Hälfte zurück. Triumphierend nimmt die Bedienung den Teller entgegen.

Ich frage mich zur Toilette durch. Beim Fehlen hygienischer Skrupel ein Ort zum Studium authentischer Dichtung, Volkes Stimme äußert sich unzensiert. Je gewöhnlicher die Kneipe, desto auffälliger die Sprüche. An vier Holzwänden entdecke ich Erotika aller Art, angemalt und eingeritzt. Sprüche, Kontaktangebote, eindeutige neben schwer deutbaren Zeichnungen. Zwei Flüche auf die Armee, verbunden mit der Zahl jener Tage, die der Schreiber abdienen muss.

Auf der Suche nach dem originellsten Spruch wähle ich einen Zweizeiler an der linken Seitenwand. Ins braun lackierte Holz geritzt, mit grünem Farbstift nachgezogen: LIEBER SCHAMLIPPEN KÜSSEN ALS SCHLAMM SCHIPPEN MÜSSEN.

Autos zerbeulen die Straßen.

Schieben durch ihr Bremsen den Belag vor Kreuzungen zu Wellen und Beulen zusammen. Eine Gänsehaut durch die Stadt.

Auf dem Weg zum Thälmann-Park. Ich erzähle Bertram von dem bis 1981 produzierenden Gaswerk, auf dessen Gelände der Park entsteht. Drei mehrgeschossige Behälter: Im Innern umlaufende Galerien, eine mit

Flachkuppel nach Schwendler'scher Tradition. Ein oft benutztes Zitat aus „Die Bau- und Kunstdenkmale der DDR", herausgegeben vom Institut für Denkmalpflege, kann ich langsam auswendig: „Als weithin sichtbare, für den Stadtbezirk Prenzlauer Berg charakteristische Bauten und als interessante technische Denkmale ist ihre Erhaltung und Einbeziehung in die in den nächsten Jahren entstehende Parkanlage beabsichtigt."

War beabsichtigt gewesen. Im August 1984 wurden die Gasometer weggesprengt. Beim ersten sandsackgedämpften Knall blieb ein Mauerzacken trotzig stehen. Beifall der zahlreichen Zuschauer für den Widerstand der Steine. Ein Rammbock musste her.

Ich berichte von Kontrollen schon Tage zuvor: Etliche Fotografierende mussten auf dem Polizeirevier erklären, für wen man fotografiere, wen man im Westen kenne. Andere knipsten unbehelligt.

Mein Zuhörer nickt. Solche Widersprüche kennt er noch. „Bei uns gibt es auch idiotische Abrisse. Natürlich würde sich genau wie hier eine Bürgerinitiative dagegen bilden, vielleicht sogar mit Erfolg."

„Auch hier gab es Proteste, nicht in organisierter Form. Einspruch des Denkmalschutzes, tausende Eingaben von Bürgern, privat hergestellte Postkarten kursierten. Sechs Uhr früh sollte einmal eine Demonstration sein. Das Gerücht mobilisierte lediglich mehrere Hundert Polizisten. Sie demonstrierten ihre Wachsamkeit und vertrieben zufällige Passanten."

Bertram fragt nach den Gründen für die Beseitigung.

1984 äußert ein Aufbauleiter in einer Wochenzeitung, dass der Boden mit Teeröl, Rohrleitungen, Tunneln, Kabeln durchsetzt sei. „Noch immer sind Pumpen eingesetzt, die eine trübe, stinkende Brühe in Kessel fördern." Auch die Gasometer seien davon vollgesogen. 1988 klagt ein Frank Schumann in derselben Zeitung, dass die Gasometer sogar einzustürzen drohten. Also Abriss aus Sicherheitsgründen? Aus umweltpolitischen Erwägungen? Der verdreckte Grund ist keine Erfindung. Er erklärt nur nicht, warum kein einziger Behälter erhalten blieb. Nutzungskonzepte sollen an den Kosten gescheitert sein. Aber in der am 3. März 1982 in hiesigen Zeitungen erstmals vorgestellten Parkanlage war von einem Großplanetarium noch keine Rede. Erst am 10. Februar 1986 erblickte der staunende Leser das Modell des mit Lasershow und Multivisionsanlage

bestückten Projektes. Das Wachstum der Visionen. War der Park 1982 mit 19 Hektar konzipiert, betrug er ab Zeitungsankündigung vom 17. Februar 1986 ganze 26 Hektar. Aus „mindestens 800 Wohnungen" wurden laut dem „Neuen Deutschland" 1300. Und dass man den S-Bahnhof Greifswalder Straße zur Station Thälmann-Park umbaute, stand nicht von Anfang an fest. Geld müsste also vorhanden gewesen sein, um wenigstens einen Behälter zu erhalten, ohne Umbau, einfach mit Zement abzusichern.

Ich rede, und wir laufen durch die Anlage. Schwimmhalle, Gaststätten, Kulturhaus, ein origineller Kinderspielplatz, Blumenbeete, ein künstlicher See, zahlreiche Bäume und Sträucher werden den Verlust der Gasometer rasch vergessen lassen. Zumindest für die hier Wohnenden. Nicht für jene, die dort Filme drehten, ein Happening inszenierten, eine Rockgruppe spielte auf dem Dach eines Behälters. Angst vor einem Ort, der zu unerwünschter anarchisch-kreativer Betätigung verlockt?

„Es gäbe Möglichkeiten, das zu verhindern!" Der Einwand Bertrams holt mich auf den Boden realistischer Mutmaßungen zurück. Er hat wenig gesagt in der letzten Stunde. Ich rede mit ihm wie zu einem guten Bekannten. Wir bummeln zu einer Bushaltestelle. Mit der einsetzenden Dunkelheit wächst die Vertrautheit zwischen uns.

Die Stadt am Abend. Ihr Blut, das sie in Bewegung hält, heißt Bier. Plus Schnapstransfusionen. Es duften die Kneipen, öffnen sich ihre Türen. Augenblicke der Blüte, die Nase erholt sich vom Alltag des Überflüssigseins.

Und vor den Nachtbars warten Männer und Frauen auf Einlass.

Bertram erzählt von sich. Vor zehn Jahren gab er sich wahnsinnige Mühe, sofort zum echten Bundi zu werden. Trainierte dialektfreies Hochdeutsch, verschwieg seine Herkunft. Die Anpassung gelang zu gut. Er hatte fast vergessen, warum er wegwollte, was er zurückließ. Unglaublich, wie schnell vorher wichtige Dinge verblassen. Ein Jahr Depressionen, als sie vergingen, schien mit ihnen die Vergangenheit wie ausgelöscht.

Verschwunden ist seine hilflose Selbstsicherheit, jene leichte Aufgeregtheit der Stimme, die den Westler oft kennzeichnet. Ich denke an die Arroganz hiesiger Intellektueller Westdeutschen gegenüber. Als seien die schlechthin unfähig, unser Seelenleben zu begreifen. Bertrams Argumente wirken plötzlich glaubwürdig, keineswegs launisch flott formuliert. Unser Berlin sähe mehr nach Berlin aus als der westliche Teil. Doch sei hier wenig Leben auf der Straße. Das spiele sich in den Häusern ab. Ein anderes Verhältnis zur Öffentlichkeit verberge sich dahinter. Ich nicke. Ein Amerikaner erklärte: In den USA seien Menschen auf den Straßen gelöst und kontaktfreudig, dagegen verbissen und geschäftig in ihren Wohnungen. In der DDR sei es genau umgekehrt. An der Haltestelle warten wir eine halbe Stunde. Dann schaukelt der Bus uns Richtung Grenzübergang zurück. Und mein Gast fragt noch einmal nach der Geschichte des Bronzedenkmals für Ernst Thälmann. An dieser Hartnäckigkeit erkenne ich den ehemaligen DDR-Bürger.

Verärgert zeigten sich Berliner Bildhauer, als der sowjetische Monumentalspezialist Lew Kerbel den Auftrag für Thälmann bekam. Das gleichzeitig entstehende Marx-Engels-Forum durften einheimische Künstler schaffen. Durch die Bronzedenkmäler waren monatelang alle Kapazitäten der Kunstgießerei im VEB Schwermaschinenbau Lauchhammer blockiert. Andere mussten warten. Und mancher wird weiter warten müssen, denn Bronze ist selbst für Mitglieder des Verbandes Bildender Künstler kontingentiert. Thälmann und Marx-Engels sollen so viel verbraucht haben, dass über Jahre hinaus Sense ist mit kleinen Plastiken – will ein Künstler ganz genau wissen. Ein anderer widerspricht: Nein, Thälmann wäre außerhalb des Kontingents bewilligt worden!

Einig sind sie sich, dass selbst der Vorstand des Verbandes versucht habe, die Sprengung der Gasometer zu verhindern. Warum das nicht gelang? Von allen Gerüchten das hartnäckigste: Lew Kerbel verlangte kategorisch den Abriss, die alten Behälter würden Thälmann optisch schlucken.

Das erkläre nicht alles, wendet Bertram ein. „Der Park ist architektonisch einfallsreich, im Rahmen seiner Möglichkeiten verschwenderisch angelegt, warum setzt man ihn samt Denkmal nicht in eines der Neubaugebiete am Rande?"

„Weil er das neue Zentrum vom Prenzlauer Berg bilden soll. Etwas Piekfeines inmitten des als schmuddlig verschrienen Arbeiterbezirks. Die Zeitung spricht vom ‚Neuen Frühling', den dieses Viertel erlebe."

Dabei hätte ein Platz geschaffen werden können, der die besondere Atmosphäre des bevorzugt von Gästen und Zugezogenen als Prenzelberg umschmeichelten Viertels betont. Mittels architektonischer Zitate der typischen Altbauten und Hinterhöfe. Und mit den Gasometern. Die hätte man sicher überall stehen lassen, dort gerade nicht. Denn dort erinnerten sie beständig an etwas, das man mit dem Thälmann-Park als überwunden zeigen will.

Wir häuten Schicht um Schicht der Mutmaßungen ab und arbeiten uns dem Grund entgegen. Aber den gibt es nicht, nur neue Schalen. Und glaubt einer, alle entfernt zu haben, ist nichts mehr übrig von den Gründen, alles zerzweifelt …

Der Fernsehansager deklamiert feierlich: „Die ganze DDR – ein einziges Denkmal für die Opfer der Arbeiterbewegung."

Na also, wozu braucht es dann noch anderer.

Wir reden weiter über Sinn und Sinnlosigkeit des Protestes gegen Bauvorhaben. Kritische Einsprüche wirken sich oft auf spätere Projekte aus. So gestehen die Verantwortlichen einen Fehler nicht ein, den sie aber nicht wiederholen wollen. Die Diskussion über jene Gasbehälter sensibilisierte gegenüber dem lange vernachlässigten Thema „Industriedenkmäler". Im Januar 1984 schlug der Kulturminister ihre verstärkte Erhaltung vor: „Wir brauchen jetzt vor allem auch die Anschauung der Produktionsmittel der industriellen Revolution. Zu vieles geht unwiederbringlich verloren … wenn wir nicht rechtzeitig eingreifen." – „Vielleicht baut man die Gasometer eines Tages wieder auf?", spottet Bertram.

Wir verlassen den Bus und wählen einen Umweg. Bertram will die Synagoge sehen. Seit er drüben lebt, beschäftigt er sich mit dem Judentum. Zwei Eisenträger, Reste eines Balkons ragen aus einer Fassade. Die Abdrücke abgerissener Häuser im Stein. Ihr ehemaliger Schutzanstrich hinterlässt seine schwarze Spur.

Brandflecke. Vermauerte Türen. Die im spärlichen künstlichen Licht erkennbaren Muster zerschlagener Fenster.

Das ehemalige Scheunenviertel, Mittelpunkt des jüdischen Lebens vor dem Krieg. Von 160 000 Bewohnern blieben ein paar Hundert übrig. Lange stehen wir vor der Synagoge in der Oranienburger Straße. Bäume wachsen aus Fenstern der ausgebrannten Ruine. Ihr Wiederaufbau ist geplant.

Eine alte Frau spricht uns an. Ja, sie habe die Juden im Viertel gesehen. Die durften nicht in den Luftschutzkeller. Ja, die Bombenangriffe ab 1943 seien schlimm gewesen. Zwischenfragen nach Deportationen von Juden bieten ihr lediglich Anlass, eifrig weiter Kriegsepisoden zu berichten. Eine Brandbombe schlug durch zwei Decken bis in die Küche, fiel durch den Tisch direkt in die Schüssel mit Hering. Sie detonierte auch nicht beim Abtransport, leider musste der kostbare Fisch mit weggeschüttet werden.

Ihr Lachen im Ohr, gehen wir weiter. Diese alles überstrahlenden Erinnerungen an die lustigen Dinge. Und unsere so unterschiedlichen und einander verblüffend ähnlichen Staaten.

„Der dritte Weltkrieg", hörst du einen alten Kämpfer in einer ziemlich neuen Kneipe reden, „der dritte ist eine Fülle von kleineren Kriegen. Er läuft seit Jahren. Aber der vierte wird wieder richtig weltweit."

Wir passieren den neuen Friedrichstadt-Palast. „Ein Stück Las Vegas in der DDR", begeisterte sich ein westlicher Fernsehjournalist, „die Friedrichstraße gewann damit etwas von ihrem alten Glanz zurück."

Bertram sieht das Überhebliche dieser touristischen Haltung. Es durfte in der Öffentlichkeit keinerlei Diskussionen über die in einem Jahrzehnt aufgebauten drei Paläste Berlins geben – der dritte: der Pionierpalast in der Wuhlheide für Kinder. Diese feudale Repräsentationssehnsucht stößt gerade unter Künstlern auf Einwände. Dort investierte Riesensummen fehlen bei kleinen, dezentralen Vorhaben.

Schon vor dem Bahnhof verstummen wir.

Mein Freund fragt am Schalter nach zwei Zugverbindungen, verschwindet kurz vor Mitternacht im Tränenpalast, dem Glashaus mit seinen blinden Scheiben, die auch den eigentlichen Grenzübergang verstecken.

Wir wollen weitersprechen. Am übernächsten Tag schon.

An jenem Tag darf er nicht einreisen – ohne Begründung. Ein Versehen? Oder war es ein Versehen, dass es einmal geklappt hat? Bertram versucht es noch zweimal – erfolglos.

Dreimal telefonieren wir noch miteinander. Dann ist er eine der zahlreichen Adressen im Notizbuch, die ich nicht besuchen kann, die mich nicht besuchen dürfen.

Bleiben die Postkarten, eine oder zwei im Jahr.

III

Der Bus schwimmt im Nebel.

Lampen als hilflose Sonnen.

Du fährst ins Zentrum. Der Fernsehturm verschollen.

Ein Zeichen? Schwer von Feuchtigkeit sacken Blätter von den Ästen. Was machen Spitzel im Nebel? Wird er zu dicht, sind selbst Schritte unhörbar.

Ich sehe jenen Mann, der immer an seinem lila Auto in unserer Straße rumbastelt, der regelmäßig die Müllcontainer nach Brauchbarem inspiziert, der einmal klingelte und das Reinigen der Öfen anbot, den ich zweimal als Fahrkartenkontrolleur erlebte und dreimal, als er selbst gebastelten Tischschmuck in einer Fußgängerunterführung verkaufte; da sehe ich diesen Mann jetzt doch als Fahrer in einem Postauto vorbeisausen.

Der geschäftstüchtige Typ, clever, flexibel.

„Drei Matchbox-Autos eingezogen, Unterricht gestört, ganz klar. Ich habe auch einen Sohn, der damit gern spielt. Wie soll ich sonst rankommen, wo Westkontakte unerwünscht sind!", äußert ein Lehrer zu einem Kollegen, beißt ins Frühstücksbrot und plaudert kauend weiter. „Nicht dass Sie jetzt denken – nein, nein! Den in Verwahrung genommenen Walkman händigte ich nach drei Tagen wieder aus."

Das zum Erfolg drängende Geschick als Ausdruck eines Spieltriebes. Und Spiele pur finden auch statt. Zum Beispiel Würfeln in einigen Parkanlagen – an Sommerabenden und in den Nächten, die ihnen folgen. Süchtige sitzen an Steintischen. Um die Spieler stehen jene, die später dran sind. Sie vermauern als Zuschauer jedem Uneingeweihten den Einblick. Der bemerkt nichts von jenen Summen, um die man hier spielt. Nur im Becher klappernde Würfel, Kästen mit Bier. Und am frühen Morgen geht es mit gefüllten oder geleerten Brieftaschen auseinander. Dreißigtausend Mark soll kürzlich einer verloren haben. Jemand habe einmal Haus, Auto, Bankkonto und die eigene Kneipe verspielt. Er erhängte sich bei Sonnenaufgang in der benachbarten Parkanlage, um die Seinen nicht in Verruf zu bringen.

Zwei Männer auf dem Weg zur Eckkneipe. Der eine zögert. Der andere redet ihm zu: „Los, sei kein Frosch."

„Ick geh nur mit, wenn du mir den Finger reinsteckst."

„Hä?!"

„Weißt doch, letztes Mal konnte ick nich. Mann, war mir übel. Musst den Finger reinstecken, dass ick gleich kotzen kann."

Der Angesprochene nickt. Der andere folgt Richtung Eingangstür.

Die typisch berlinische Mentalität als weiteres Merkmal dieses Ortes war mir egal, als ich herzog. Doch diese Mischung aus preußischer Sturheit und plebejischer Bissigkeit prickelte sofort. Ihre Neigung zur liebevollen Boshaftigkeit untergräbt sentimentalen Lokalpatriotismus.

Ich kenne kein anderes Berlin als das heute existierende, die Erlebnisse als Kind im Westteil außer Acht gelassen. Ich trage keine historischen Bilder im Kopf, um die Gegenwart unaufhörlich an ihnen zu messen und enttäuscht Differenzen festzustellen. Wer jahrelang hier lebt, wird aber an Verluste erinnert, die neue Gebäude nicht wettmachen. Den Fischerkiez, das mittelalterliche Viertel, riss man zwischen 1967 und 1971 ab. Kahlschlagsanierung übelster Art. Sechs Wohnkästen mit einundzwanzig Geschossen setzte man dafür hin. Anfang der Siebziger ergötzten sich noch Architekten an der Vision eines von Altbauten befreiten Prenzlauer Bergs. Alles abreißen, dann planmäßig bebauen, sonst sei das Flickschusterei. Dieses rabiate Zerstören gewachsener sozialer Strukturen war Teil des Konzepts vom Ausbau der Stadt zur „sozialistischen Großstadt". Architekten setzen gleich Kindern unbekümmert Fertigteil auf Fertigteil. Schön ordentlich oder sinnlos hoch. Kinder reißen freilich am Schluss ihres Spiels alles ein. Die erwachsenen Planer lassen andere darin wohnen. An die statistisch erfassbare Menschheit ist gedacht, der Einzelne gerät zur vernachlässigten Restgröße.

Das scheint vorbei, dennoch droht weiterer Verlust an ursprünglicher Substanz. Die an sich richtige Nutzung von Baulücken in älteren Stadtteilen führt auf die praktizierte Weise zur Angleichung der Stadtbezirke: der Thälmann-Park als markantes Beispiel. Überhaupt gilt dies besonders für das atmosphärische Zentrum des typischen Berlin: den Prenzlauer Berg. Da meine ich nicht allein neue Gebäude, ich denke an die soziale Umschichtung der Bevölkerung. Schon bei der Rekonstruierung der Wohnung zieht so mancher in ein Neubaugebiet. Und in den Neubauten im Stadtbezirk werden oft Neuberliner einquartiert. Oder in eine verrufene Straße kommen neben alten und ganz jungen Leuten plötzlich zwei Offiziersfamilien.

Nach wie vor ist der Prenzlauer Berg mitsamt einem Teil des Stadtbezirks Mitte und einem Stück vom Friedrichshain für viele das eigentliche Berlin. Die meisten Kneipen, der schärfste Spott, Arbeiter, Rentner und Ausgeflippte, die Berliner Mentalität spürt einer hier am direktesten. Natürlich akzeptiert man Pankow als gutbürgerlich geprägten Kontrast zum sympathisch schmuddligen Prenzlauer Berg. Bei Köpenick fangen die Zweifel an – wer fährt dorthin, außer an den Müggelsee oder in die Müggelberge? Ich habe Hunderte von Bekannten, wieso wohnt keiner in Köpenick? Eine eigene Stadt am Rande, wie andere Vororte. Und in Treptow oder Adlershof beginnt für Hochnäsige schon die Provinz …

Herbst signiert die Blätter, bevor er sie fallen lässt. „Das Aufsteigen von Drachen mit über hundert Meter langer Schnur bedarf der Genehmigung des Verkehrsministeriums", mahnt die Zeitung. Ein Niesen und Husten breitet sich aus, die Grippejahreszeit. Neuartige Bakterien lauern im Straßendreck, schüren jene Epidemie, die wenig Tote, aber zahlreiche Zellstofftaschentücher fordert.

Und nach einem Gewitter fault über der Stadt ein Regenbogen.

Jener noch nicht so alte Mann, dem du zunickst. Der dich anspricht. Er schwimmt durch den Tag. Ein Leben, eingelegt in Schnaps.

Der konserviert seine Wut. Böse Flüche bekommst du zu hören. Offizier sei er gewesen, Offizier. Nur die Armeen wechseln mit der Schnapssorte.

Er rudert flaschenweise dahin. Schimpft. Lächelt. Lächelt intensiv und versunken auf seiner Bank.

Die Flüssigkeit reflektiert alles Licht, verwandelt es zu einem geheimnisvollen Leuchten.

Da glitzern seine Augen. Da vergisst er anderes.

„Krank, alle sind sie krank. Besaufen sich an Dreckluft. Atmen das Zeug ohne schützenden Alk ein." Sagt er und bietet seine Flasche an. „Da muss ja jedem der Kopf schmerzen."

Zwei Jungen, S-Bahnhof Ostkreuz:

„Was würdest du machen, der Zug fährt jetzt ein, deine Mutter sitzt drin und der Wagen explodiert?"

„Würde versuchen, sie zu retten."

„Ick würde heulen."

Ich gehe auf ein Café zu, vor dem Stühle stehen.

Ein Sonntagnachmittag. Platz nehmen an einem Tisch, von dem sich gerade zwei erheben. Ich erhasche den Schluss ihres Dialogs: „Immense Sogwirkung entsteht bei so einem Brand. Der Mann in den Fahrstuhlschacht gezogen, Hilfe zwecklos. Gebäude brannte total aus."

„Und das war in Marzahn?"

„Klar. Muss noch mal nachfragen, wo genau."

„Echt geil, wie in Amerika. Der war auch sofort tot. In dem Krimi, weißt du."

Die Straßenbahn stoppt. Ihr Fahrer steigt aus, wandert ins Café und kauft Torte, Kuchen. Die Verkäuferin wickelt alles in mehrere Pakete. Der Fahrer steckt diese vorsichtig in zwei Riesentaschen, schlürft rasch eine Tasse Mokka. Es ist Wochenende. Die Fahrgäste warten.

Wenige Autos holpern über die Straße. Wer ins Grüne fährt, eilt morgens los, kommt am Abend zurück. Dazwischen ruht der Verkehr.

Als die Bahn mit Fahrer davonquietscht, schubsen sich drei Männer auf die Stühle an meinem Tisch. Sie lallen und sind sehr laut. Streiten, welche „Matratze" sie heute benutzen wollen. Wobei einer einem Prügel androht, weil dieser eine Frau zu gebrauchen gedenkt, die er selbst eingeplant hat.

„An Angetrunkene schenken wir nichts aus. Macht die Flocke, hopp!", zischt der Kellner. Die drei argumentieren vereint gegen den an, der sie nicht bedienen will. Wo sie bis jetzt nur Apfelsaft getrunken haben, reinen Saft. Einer brüllt. Einer nickt ein, kippt mit dem Kinn in den Aschenbecher. An anderen Tischen stoppt man

Gespräche, lauert auf eine Abwechslung. Ein Rausschmiss wäre spannend.

Doch der Kellner ignoriert die beiden, die sich durch fortwährende Beschimpfungen des Kellners und des Staates, der solche Kellner hervorbringt, munter halten. Der erste will eine Bombe, der zweite das Gästebuch.

Und da nichts kommt, schleppen sie sich hinaus, den immer wieder einschlafenden Dritten in die Mitte geklemmt.

Dialoge dringen an das Ohr und entfernen sich. Sätze, deren Enden verschluckt werden vom Lachen einen Tisch weiter. Der Witz als einfachste literarische Form. Das alltägliche absurde Theater bedient sich verschiedener Dramaturgien. Beckett, auf den Bühnen des Landes bis 1986 ungespielt, ist da seit Langem höchst lebendig.

„Eh! Weißt du!"

„Ja."

„Ick hätte Lust, ihm eins in die Fresse zu haun!"

„Wem?"

„Weiß ick noch nicht."

Die Sensationen erreichen dich bruchstückhaft, verquickt mit Banalitäten. Mit intensiver Beiläufigkeit präsentiert dir jeder Tag seine Collage von der Wirklichkeit. Ein vielschichtiges Kunstwerk, an dem du mitwirkst.

Da setzt ich eine Normalfamilie zögernd an den Tisch. Alle zehn bis zwölf Sekunden ermahnt ein Elternteil das Kind. Ich zähle leise mit. Zwischendurch plaudern Vater und Mutter schleppend:

„Schön hier, nicht?"

„Ja, im Vergleich zu gestern nicht schlecht."

„Na ja, ganz schön. Wirklich. Es geht, nicht?"

Und so weiter. Als man den Sohn schimpft, weil er an mein Bein gestoßen haben soll, mische ich mich ein. Er hat nicht, und selbst wenn, stört es mich nicht. Das verunsichert die Erziehungsberechtigten vollends. Sie reden fortan überhaupt nicht mehr, starren gequält Richtung Kellner. Endlich erlöst er uns. Sie bestellen, ich bezahle, verabschiede mich von dem Kind und verlasse das Café. Rasch in die Kneipe nebenan. Gleich am Tresen ein Bier, um Ärger und Kaffee runterzuspülen.

Ein Opa im Bademantel trippelt herein, schlurft zu dem für Stammgäste freien Tisch und ruft krächzend zum Kellner, als der ein Bier bringen will: „Nee, keinen Alkohol heute, nur Kaffee und einen Weinbrand."

Freitagabend, Lärm im Hinterhof.

„Ich bring dich um! Dich schlag ich tot!", brüllt eine Männerstimme.

„Hilfe! Nein! Hilfe!", schreit eine Frau.

Ist das nun ein Fernsehfilm oder live, frage ich mich ratlos.

Ich bin auf dem Weg zum Wasserturm, einem Wahrzeichen des Prenzlauer Bergs. Nicht, um die erhaltenen Türme der ehemaligen Wasserversorgungsanlage zu besichtigen. Ich treffe Bekannte, zu viert schreiten wir auf den Kinderspielplatz zu.

Vor vierzehn Tagen nutzten wir seine Holzgerüste als dürftigen Schutz vor plötzlichem Regen. Dann zogen wir unter ein Garagenvordach um. Vor uns standen zwei Sänger auf einer Mauer, die den Hang abstützt, der zum Turm führt. Der eine hielt dem anderen einen Schirm über den Kopf. Ein paar Halbjugendliche, die ihre Zeit abgammelten und mit leeren Bierflaschen gern Zielschleudern veranstalteten, traten hinzu und blieben.

Manuskripte und Noten der Sänger wurden nass, ihre Instrumente feucht. Sie machten weiter. Politische Lieder, bitter und frech. Als es dunkel wurde, sang der eine nur noch Biermann. Bei den eigenen Liedern könne er die Texte nicht mehr ablesen.

Wir kraxeln den Berg hoch. Neu gesetzte Betonpfeiler sollen den Abhang stabilisieren, bislang taten es Holzbohlen. Die Köpfe spielender Kinder müssen sich an härtere Zeiten gewöhnen. Oben liest schon einer. Im Stehen schnurrt er lässig-raffiniert kalkulierte Assoziationsketten herunter. Eine Sprache zwischen Aggressivität und Zärtlichkeit.

Vierzig, fünfzig im Gras sitzende Zuhörer. Mal ruft fern eine Frau, mal bellt ein Hund. Bäume und Sträucher dämpfen alle Geräusche. Der sich keine Ruhe gestattende Vortrag – im Kontrast zur Idylle dieser Zusammenkunft.

Dann spielt eine Frau Geige. Ein Hut wandert herum – ich schaue nicht auf das Geldstück, das ich einwerfe.

Später streiten drei Lyriker, wer als Nächster lesen darf.

Nach zänkischen Minuten steige ich den Berg hinab. Taxis kurven um die parkähnliche Anlage. Ein Rastplatz? Auf ein stehendes schreite ich zu und höre, wie der Fahrer „Bitte kommen, bitte kommen!" in ein Mikrofon spricht. Auf meine Frage, ob er frei sei, fährt er kommentarlos weg. Reiht sich ein in die Schar jener, die den Platz umrunden.

Einblendung in ein Gespräch beim Rat des Stadtbezirks, Abteilung Inneres. Beteiligte: ein leitender Mitarbeiter in Fragen öffentlicher Sicherheit, ein am Wasserturm lesender Autor.

„… geschmacklos, gerade dort Derartiges zu veranstalten. Im Keller der Anlage folterten Faschisten, Sie entwürdigen diesen Ort antifaschistischen Widerstands!", behauptet der eine.

„Nein, wir nehmen Freiheiten in Anspruch, für die auch Kommunisten kämpften. So ehren wir ihr Andenken!", behauptet der andere.

Die Kulturstadt Berlin. Der träge dahinfließende Strom der Kunst entfacht Wirbel an seinen Rändern.

An einem Mittwoch höre ich zufällig, drei neue Stücke von Heiner Müller würden gezeigt. Am nächsten Abend gehe ich zu einer kirchlichen Einrichtung und sehe mit fünfzig anderen Zuschauern „MedeaMaterial", „Verkommenes Ufer", „Bildbeschreibung". Zweieinhalb Stunden konzentriertes, leidenschaftliches Spiel. Das schmale Zimmer mit Plastikfolien ausgelegt. Geräusche vom Band, an die Wand projizierte Dias, neben den Stühlen ein Videorekorder, der uns Zuschauer zwingt, das Geschehen in doppelter Perspektive wahrzunehmen, sich ständig im Raum zu orientieren. Die jungen Schauspieler locken präzise die Spannungen der Texte auf die Nichtbühne, verblüffend jene von einem Mann gespielte Medea.

Am Schluss wickelt eine Frau die Gäste mit dünnem Garn ein, den letzten Satz unaufhörlich wiederholend: „Was ist stärker, Blut oder Stein?" Unterstützt vom Tonband, das den Satz nach Abgang der Akteurin mit monotoner Stimme weiter abspult. Und wir, mäßig verschnürt, warten ab. Es tut sich nichts. Bis sich die Ersten aus den Fäden hochrappeln. Bis einer das Band abstellt, alle klatschen. Die Spieler treten nicht artig zum Schlussapplaus vor, selbst eine Geldspende vergessen sie einzusammeln. Die Medea spielte ein künftiger Schauspielstudent. Nein, seinen Namen will er nicht sagen, als er später abgeschminkt die Requisiten wegräumt.

Nein, nochmals auftreten werden sie nicht. Ich erfahre von einem Bekannten, dass auch die anderen ans Theater wollen. Deshalb keine Plakate, keinerlei Ankündigung der Gruppe. Der Abend entlässt mich begeistert und nachdenklich. Künstlerisch gehörte er zu den Lichtblicken im Nebel der Durchschnittlichkeit auf den Brettern, die die Theaterwelt der Hauptstadt bedeuten sollen. Was macht eine Gruppe, die keine Gruppe sein will, daraus?

Sie hätte in einem staatlichen Kulturhaus oder Jugendclub arbeiten können. Da gäbe es finanzielle Unterstützung – und Diskussionen über den Sinn des Ganzen. Über den fast nackten Mann an der einen, den imitierten Geschlechtsakt an anderer Stelle. Oder das Mädchen in landesüblicher Zivilschutzuniform auf einem Dia. Klar, sie wollen sich nicht rechtfertigen müssen, deshalb mieten sie einen kirchlichen Raum. Die Verbindung mit der Kirche schadet wiederum den Studienmöglichkeiten der Akteure, also möglichst geheim halten.

In sich ist alles logisch, an sich scheint es absurd. Im Westen verwendet und verschwendet man Energie, um die eigene Arbeit bekannt zu machen. Hier, nicht nur bei diesen Spielern, damit etwas nicht zu bekannt wird. Und das bei einer Kunstform, die mehr als andere auf ungehemmte Öffentlichkeit angewiesen ist.

„Wenn der Regen fällt, steigt die Selbstmordrate. Ihren Tiefpunkt erreicht sie im Hochsommer", sagt der diensthabende Arzt auf der Intensivstation zu einem, den er als Krankenwagenfahrer stundenweise nicht mehr beschäftigen darf. Das ordnete die Staatssicherheit telefonisch an. Mit vager Begründung, die so wenig hinterfragt wird wie die Weisungsbefugnis jener Stelle. Zum Abschied spendiert der Arzt Kaffee. Sein ehemaliger Mitarbeiter muss sich nach einem neuen Gelegenheitsjob umschauen, damit er weiter Zeit für seine künstlerische Arbeit hat.

So tun, als ob nichts sei, damit etwas stattfinden kann. Häufiger noch: das Verbergen eigener Absichten und Ansprüche. Ein Projekt soll harmloser wirken, als es ist. Die Untertreibung als Prinzip, das kalkulierte Missverständnis – gerade an staatlichen Häusern. Konzeptionen werden geschrieben, die verantwortliche Leiter begutachten und auf ideologische Richtigkeit prüfen …

Trotzdem blühen die Soloabende von Schauspielern; Pantomime und Puppenstücke begegnen einem allerorten. Autoren treten mit Jazz- oder Punkgruppen vor das Publikum, eine Gitarre oder elektronisch erzeugte Geräusche begleiten sie. Oder die Lesung löst sich vollends zum Happening auf. Zur Kunstform, bei der ein Text zwischen Musik, Tänzen, selbst gedrehten Filmen unterkühlt zelebriert oder in das Publikum gebrüllt wird. Maler beteiligen sich an solch theatralischen Aktionen.

Das alles und mehr gibt es in staatlichen, kirchlichen und privaten Räumen. Nicht alles überall, doch derart verknüpft, dass man von einer subkulturellen Szene sprechen kann, die sich aus den drei Öffentlichkeitsbereichen speist. Natürlich werden Ereignisse in privaten Räumen behindert und – selten – verboten. In Berlin seltener als andernorts. Und bestimmte Leute dürfen nicht in öffentlichen Einrichtungen auftreten. Jeder Verantwortliche würde die Existenz einer Verbotsliste energisch bestreiten. Und hätte recht. Zuständige Stellen empfehlen meist nur, diesen oder jenen nicht zu lassen. Und daran hält sich, wer nicht möchte, dass seine Absetzung empfohlen wird.

Die flexible, differenzierte Skala staatlicher Reglementierungsmöglichkeiten ganz auszuleuchten bedarf einer längeren Abhandlung. Nur mit Begriffen wie „verboten" oder „erlaubt" zu operieren, führt in die Irre.

Und die Sache wird verzwickter. Manche wollen gar nicht mehr in offizielle Räume. In dieser Öffentlichkeit geht es ihnen zu versteckt zu. Manche gehen nur zu ausländischen Gastspielen in die großen Theaterhäuser. Ausstellungen sehen sie sich in kleinen Galerien, Kirchen oder Wohnungen an. Ich treffe Leute, die sich für neue Literatur interessieren, aber nicht auf den Gedanken kommen, in der Buchhandlung Autoren aufzuspüren. Die Interessanten druckt man sowieso nicht, denken sie. Andere meiden Rockkonzerte bekannter einheimischer Gruppen. Sie gehen davon aus, sich dort langweilen zu müssen.

Doch andere kennen keine Kultur außerhalb der offiziellen. In punkto Theater meiden viele Schauspieler und Regisseure alles, was nach Untergrund riecht. Aus Unkenntnis. Aus Angst vor Folgen, die sie Klugheit nennen. Aus der Überzeugung, dass man sich nicht am Rande vergeuden darf. Aus berechtigten Zweifeln, ob es alternativen Ansätzen nicht oft an Anspruch und Selbstbewusstsein mangelt. Und die beiden Haltungen wirken aufeinander ein, kreuzen sich im Einzelnen.

„Ich hab es geschafft! Endlich Mitglied im Künstlerverband!"

„Gratuliere! Was wird dir da kunstvoll verbunden?"

„Spotte ruhig. Durch den kriege ich bald einen Arierpass – dann ab nach Italien!"

Während ich dieses Kapitel schreibe, kommt ein Freund vorbei und berichtet über den Auftritt der Salzburger Gruppe EXPERIMENT LINE. Gestern König Lear, heute würde Artmann gespielt. Zwei Stunden später betrachte ich das drastisch groteske Treiben, mit Hang zur Klamotte. Weiß nicht mal, wem das eilends zur Spielstätte umfunktionierte Atelier gehört. Weiß nur, dass das Spiel mit Karikaturen hier begeisterter aufgenommen wird als in Österreich.

Das erzählt ein Spieler, den die Heftigkeit des Beifalls bewegt. Überhaupt, Ost-Berlin, er war noch nie hier. Die Mauer, er kriegt ein richtig schlechtes Gewissen, hat nie daran gedacht. Und die Aufgeschlossenheit hier, diese Solidarität untereinander, das sei so was von toll – er könne gar nicht beschreiben, wie toll er das findet. „Im Rahmen eurer Möglichkeiten, ich meine: eures Gefängnisses, habt ihr es euch gemütlich eingerichtet. Wirklich!"

Ich frage, ob ich den Namen der Gruppe erwähnen soll?

Ja, das sei gut für Zuschüsse in Österreich.

Und eine mögliche Einreiseverweigerung?

„Wir nennen uns jedes Jahr um, die Mitspieler wechseln ständig."

Wir bestaunen die Exoten, die uns als Exoten bewundern.

Schnee im November. Sofort schmilzt er weg. Und erzeugt bis in die Haarspitzen ein Frösteln. Vögel flüchten in die Neonbeleuchtung, bauen in den Buchstaben Nester. In der Gaststätte nebenan wird hastig ein Fahnentuch in den Ventilator geknüllt, damit es nicht durchzieht.

Die Scheiben der Busse werden erblinden. Dann hauchen sich Münder Blicklöcher frei. Du siehst Gesichter, in Schnee getaucht, warm und starr.

Du trittst ein, wischst den Rauch vor deinen Augen beiseite, um zu sehen, wer da ist. Einige gestikulieren eifrig und reden mit jedem. Andere panzern sich mit Gleichgültigkeit, stehen stolz und unberührbar im Raum. Einer sitzt stundenlang auf einer Fußbodenmatte, Kopfhörer über die Ohren gestülpt. Das Netz der Feten spannt sich über die Stadt. Täglich könntest du zu irgendeiner gehen. Jeder kennt jeden um drei Ecken. Beliebt die Frage nach abwesenden Personen – so bleibt man im Bilde, selbst über die, die man nicht kennt.

Du hörtest von einem Abend, an dem sich so viele in einen Raum quetschten, dass sich die Leute nicht mehr bewegen konnten. Zum Betrinken fehlte der Platz, zum Verlassen des Ortes erst recht. Eingekeilt harrten sie aus, begannen aus Langeweile nach der Polizei zu rufen. Sosehr sie auch brüllten, sie kam nicht, um die Gäste zur Personenkontrolle rauszutragen.

Du greifst einen Plastikbecher mit Wein und gerätst in einen Streit über Schwerpunkte eines Friedensseminars. Es gilt, den Frieden zu leben, dem Einzelnen praktizierbare Wege anzubieten, der Einzelne ist der Knackpunkt, sein Verhalten müsse sich ändern – je mehr das einsehen, desto stärker wirkt das auf die Gesellschaft, argumentiert der eine. Der Zweite kontert: Der Einzelne bewegt sich in gesellschaftlichen Strukturen, die prägen sein Verhalten, die Strukturen gilt es zu analysieren und langfristige Strategien für ihre Änderung auszuarbeiten … Der Dritte unterbricht unwirsch, dass er die Argumente beider nicht mehr hören könne. Jede Harmonie erlebe er als vorgetäuschte, solche Seminare wecken in ihm unbändige Sehnsucht nach Gewalt. Alle großen Kriege läuteten Friedensbewegungen ein. Ein Prost auf die Erotik des Kampfes – er hebt das Glas (aha, ein Glas, er war einer der Ersten hier), tritt zwei Schritte weiter und in ein Gespräch über den unter raffinierten Vorwänden in Wohnungen eindringenden Frauenmörder vom Prenzlauer Berg ein.

Diskussionen, Gerüchte, die Vielfalt der Mutmaßungen, gespickt mit eigenen Erlebnissen. Garstige Worte stricken subversive Gemütlichkeit. Der Blick in die Zukunft frei von Zuversicht. Hoffnungen, Ängste werden als Sentimentalität verlacht. Eine bockige Selbstverständlichkeit zu leben, ohne jemand um Erlaubnis zu bitten.

Du lachst, redest mit und denkst wieder an Canetti, der diese Atmosphäre treffend beschrieb: Die einen behaupten sich durch Aggressivität, andere durch Klagen, eine Minderheit durch Schweigen. Um nicht in Verwirrung zu geraten, nimmt man nichts mehr ernst. „Das Animalische und das Intellektuelle spielen durcheinander in einer Art von Wechselstrom." Die Routine unaufhörlicher Selbstdarstellung gedeiht – der Voyeur von außerhalb kann entzückt sein. Er findet hier alles, wenn er sich bereit zeigt, es finden zu wollen.

„Wer schlechte Noten bekommt, ist nicht für den Frieden", sagt die Lehrerin. Erklärt ein vor sechs Wochen eingeschultes Mädchen. Die Lehrerin war eine Woche krank und meinte: „Wegen euch! Lernt ihr nicht fleißig, benehmt euch nicht ordentlich, dann seid ihr schuld, dass ich wieder krank werde." Oft fragt sie forschend: „Na, wie gefällt es dir hier?" Sie will nur ein „gut" hören, erklärt die Siebenjährige. „Obwohl ich den Sportunterricht nicht gut finde. Ein einziger Drill. Doch sage ich, was mir nicht passt, bekomme ich kein Bienchen. Und bin nicht für den Frieden. Weil ich keinen Krieg will, sage ich lieber nicht, was ich denke."

Die Polizei schleicht durch alle Notizen. Nehme ich sie übersensibel wahr oder kann ich sie nicht übersehen? Letztes Jahr, in drei Wochen Urlaub auf der Insel Rügen, fand ich neben dem Meer rasch einen weiteren Unterschied zu Berlin. Drei Wochen lang sah ich keinen Polizisten. Dabei sind die uniformierten Ordnungshüter hier großzügiger, intelligenter, vorsichtiger als in anderen Städten. Sie sind heute oft freundlicher, als es Verkäuferinnen üblicherweise sind. Kleine Prügeleien, Belästigungen, Lärm ignorieren sie, wo man andernorts einschreiten würde. Nur wenn politische Fragen berührt werden, schrumpft die Toleranz jäh. Und Punks berichten von schikanösen Kontrollen, von Prügel, aber kaum öffentlich, wer will da was beweisen. Geschicktes Vertuschen von Fehlverhalten deutet ebenfalls eher auf hauptstädtische Manieren.

Das Szenario einer Feier vom Herbst 1985: Selbst gedrehte Filme flimmern über eine provisorische Leinwand, man tanzt in dem einen, spielt Billard im Nachbarraum. Gegen drei Uhr morgens ein Trompetensolo vom Balkon. Der Bläser beherrscht das Instrument in voller Klangfülle. Kurz darauf lässt sich die Polizei die Ausweise aller Gäste reichen. Was daran spezifisch berlinisch ist? Dass zwei Stunden nichts geschieht, die Beamten weder auf freundliche Worte noch auf Spott reagieren. Sie stehen in der Wohnungstür, lassen niemand heraus, niemand herein. Dann lösen sie die Fete rasch und energisch auf. Einige Gäste werden auf bereitstehende Lastkraftwagen geschubst, gebeten, geprügelt, gedrängt und zum Revier bugsiert. Mehrstündige Verhöre, den Wohnungsinhaber entlässt man am Abend darauf.

Und die Wartezeit? Sie dient zum Überprüfen der Ausweise. Als Ergebnis die gesicherte Erkenntnis, dass sich unter den Gästen keine Ausländer, vor allem keine Diplomaten oder Journalisten, keine Söhne / Töchter einflussreicher Eltern aus Partei- und Staatsapparat, keine kirchlichen Mitarbeiter in höherem Amt und Würden befanden – ja, selbst bekannte Künstler fehlten. Also droht kein Disziplinarverfahren nach Beschwerde eines von jener schlagkräftigen Argumentationsart betroffenen Bürgers.

Einer kennt einen Polizisten, der sich schämt, in Uniform herumzulaufen. Er lässt sich nur nachts zum Dienst einsetzen, da sieht ihn kein Bekannter.

Einer trifft bei der Gruppentherapie einen Uniformierten, den man zur Behandlung schickte, weil er zu gutmütig war. Es bereite ihm körperliche Schmerzen, Strafzettel auszuschreiben.

„Ich habe die Schnauze voll!"
„Dafür kannst du erstaunlich gut reden."

Der zynismusgesättigte Berliner stürzt sich auf frisch aus der Provinz eingereiste Frauen. Naiv, aufrichtig, unverdorben – kein Adjektiv männlicher Selbstherrlichkeit, das er ihnen nicht anhängen möchte. Das Erstaunen einer allzeit lachbereiten, nicht übermäßig gut aussehenden Neunzehnjährigen, gerade aus Dresden zugezogen, die gar nicht begreift, warum sie hier auf einmal so viele Männer haben könnte. Das funktioniert, bis sie sich an die neue, aggressiv übermüdete, intellektuelle Umgebung angepasst hat. So lange schwimmt sie darin wie ein Eisstück – rührend unbeholfen, Frische verbreitend.

Im Café streichelt eine Frau ihren Freund, der den Freund am Nachbartisch küsst, dann dessen Freundin, dann den Kellner. Der hat trotzdem nichts mehr zu essen, höchstens zu Hause, später, wenn jemand mitginge. Einer oder eine, darüber diskutieren Freundin und Freund, während ihn eine Frau vom Nachbartisch mit zärtlichen Fußstößen anmacht. Die Geschlechter aufgelöst in Erregung, alle Energien bündeln sich im Erotischen. Und eine Frau erinnert eine andere daran, ihren Mann am Dienstagmorgen rechtzeitig zum Aufstehen zu bewegen. Er solle bitte nicht den dritten Scheidungstermin verschlafen.

Es erröten die Haare. Das kommt vom Henna.

„Ab und zu ein Joint lockert so manche Bewegung auf", sagt ein Dichter, dessen Namen ich mir verkneife. In seinen Kreisen sei das langsam selbstverständlich. Republikweit. Die erfreulichste Entwicklung der letzten Jahre, alles laufe auf freundschaftlicher Basis ab. Das Zeug werde auf Feten geteilt, es gibt keine Hehler, niemand verdiene daran. Meint er. Aus Ungarn junge Marihuanatriebe einschmuggeln, im Topf oder im Hinterhof anbauen. Ich höre davon und sah auch Zuchtergebnisse. Bei Hausdurchsuchungen in bestimmten Kreisen grabschen Beamte plötzlich nicht nur nach beschriebenem Papier, sondern nehmen Blattproben von Pflanzen. Als ich das erzähle, winkt er ab. „Zu wenig Sonne! In nördlichen Breiten bildet sich kaum Harz in der Pflanze, da ist kein richtiger Trip drin!" Ein anderer Kenner und Genießer widerspricht dem: „Marihuanakörner aus Mexiko sind auch bei uns geeignet. Diese Pflanzen sind widerstandsfähiger und brauchen nicht viel Sonne."

Doch die meisten bleiben beim Alk, der duselt bequem ein. Und nur die Allerextremsten berauschen sich an gänzlich abartigen Dingen, zum Beispiel an Worten.

Vor zwei Stunden lernte er die Frau kennen und würde wahnsinnig gern lieb zu ihr sein. Trotz der vielen Leute traut er sich nicht. Das erzählt er seinem Freund auf der Toilette. Denn eine andere Frau beobachte ihn. Und er wisse einfach nicht, ob er mit der mal geschlafen habe oder ob sie eine Freundin seiner Ehefrau sei.

Der Alkoholismus blüht in der ganzen Stadt, nicht nur innerhalb der sogenannten Szene. Im Gegenteil. Ich denke an den Schlusstag des letzten Pfingsttreffens. Für diese politische Großveranstaltung des Jugendver-

bandes wurden entlang der Karl-Marx-Allee Verkaufsstände und Bierzelte aufgestellt. FDJler in blauen Hemden torkeln dazwischen herum. Ein paar stecken um die Wette leere Becher ineinander und jonglieren die Pappschlangen. Daneben singt man schunkelnd: „Bier her, Bier her – oder ich fall um." Und einige fallen um. Und die Sänger trinken statt Bier längst Schnaps aus der Flasche. Einer verletzt sich beim Sturz in die Scherben, Blut spritzt auf den an seiner Brust befestigten Aufkleber „Mein Herz für unsere Republik". Will er den Worten Taten folgen lassen? Eine Initiative für Spenderherzen für die Medizin? Nein, rasch ist er verbunden. Und tönt wieder mit, als seine Kumpels das nächste Lied anstimmen. Zur alten Melodie ein neuer Text: „Sauf aus! Sauf aus! Freie Deutsche Jugend – Sauf aus!" Zwei Polizisten patrouillieren lächelnd vorbei. Solche Parodie auf ein schulbekanntes Aufbaulied aus der Gründerzeit der DDR erfüllt Straftatbestände. „Öffentliche Herabwürdigung" gesellschaftlicher Institutionen bringt drei Jahre Gefängnis, im Ausland vollzogen, bis zu fünf. Als „staatsfeindliche Hetze" interpretiert, wäre es mit acht Jahren zu ahnden, planmäßig oder im Zusammenwirken mit feindlichen Organisationen gesungen, mit zehn. Da könnte man das Absingen sogar als „landesverräterische Nachrichtenübermittlung" deuten, was möglicherweise zu zwölf Jahren verhilft.

Aber hier schmunzelten die Polizisten. Ein Lächeln oder ein Ermittlungsverfahren – je nachdem, wer es wann wo anstimmt.

Der Weihnachtsmarkt, jedes Jahr an dieselbe Stelle ins Zentrum gesetzt. Braungebrannte Nüsse, rotkandierte Äpfel – über die Lautsprecher im Wechsel Musik und Kindersuchdienst. Von einer Warteschlange in die nächste treten. An einer Würfelspielbude haspelt ein Mann mit sonorer Stimme seinen Werbespruch herunter: „Wer hat noch nicht, wer will noch mal sein Glück versuchen?" Die Menschen drängen sich zu den Karussells, erschubsen für ihre Kinder einen Platz. Einem Behinderten stemmt sein Begleiter den Weg frei – der Rollstuhl kriecht durch das Gewühl. Ein Mann stößt irritiert gegen einen Luftballon, der grundlos auf ihn zufliegt. Zwei Japaner filmen. Und der Lautsprecher legt dir ein Weihnachtslied in den Mund, das du mitsummen könntest, wenn er nicht so laut wäre.

Die alten Klischees zur Beschreibung des Landes haben ausgedient. Die Szene aus der Hauptstadt Ost-Berlin – ein neues Klischee? Wer gehört eigentlich dazu? Die auffälligen Punks, Skins, New-Wave- und Heavy-Metal-Typen? Die schrumpfenden Friedens- und anwachsenden ökologischen Arbeitskreise, fast immer in der Kirche organisiert? Jene Grüppchen, die anarchistische Lektüre studieren, fast immer außerhalb der Kirche? Politisch aktive Minderheiten generell? Vorsicht, zu ihnen gehört auch die Regierung, zur Szene kaum. Die bilden Frauengruppen, erfrischend selbstbewusste Schwulenkreise, Künstler und Lebenskünstler.

Ein Bekannter definiert sie als auffällige Leute, vielschichtig und skurril, die aus vorgesetzten Karrieregleisen aussteigen. „Solange man versucht, seinen eigenen Weg zu gehen, gehört man zu ihnen." Mann / Frau wollen vom Staat in Ruhe gelassen werden, Spaß am Leben haben. Die einen basteln Schmuck, andere malen Bilder, nähen Kleider, schaffen es, die Verkaufsgenehmigung für selbst gezimmertes Kinderspielzeug zu erhalten. Dieses Nebeneinander von kreativem Gestaltungswillen und Geschäftssinn – manchmal gekoppelt mit grünen Lebenswünschen, die aus der Stadt hinausführen. Da werden zwei Bienenzüchter und versüßen das Leben der Bekannten. Man läuft nicht einfach westlichen Moden hinterher, es existiert mindestens das Bedürfnis, eher als die drüben am vermeintlichen Ziel zu sein. Die Originalität eigener Wege erschließt sich oft erst auf den zweiten Blick.

„Der Begriff Alternativkultur ist falsch", meint der Herausgeber einer selbst verlegten Mini-Zeitschrift, Auflage vierzig Stück, „wir wollen keine Alternative zum Staat sein. Man sollte eher von zweiter Kultur sprechen." Der Staat zeigt Toleranz und lässt die in Ruhe, die ihn in Ruhe lassen. Allerdings nicht ganz, weil sein Misstrauen größer ist als der modische Ekel einiger Szenenkreise vor Dingen, die als politisch betrachtet werden. Bekleidungsfragen rückten aber in den letzten Jahren wirklich aus dem Tabubereich. Jede Form des Chics ist schon erlaubt.

Darf sich das reizvolle Fremde entfalten, weil es von eigenen Problemen ablenkt? Muss es nur exotisch genug sein? Äußerliche Extreme erweisen sich oft als harmlos, da sich das Aufbäumen gegen die Norm in der Auffälligkeit erschöpft.

Die verschiedenen Kreise.

Sich nicht einkreisen, auf keinen Radius festlegen lassen. Und trotzdem alle berühren.

Die Luft klirrt bei jeder Berührung. Selbst der Wind friert ein. Die Kälte kühlt innig und piekt dich munter.

Der schwerste Winter seit Jahren. Drei Eisbrecher halten zur Versorgung der Hauptstadt die Wasserstraßen frei. Der westliche Stadtteil verkündet Smogalarm, Stufe eins: Jede unnötige Belastung vermeiden.

Auf Dächern rostet Schnee. Eiszapfen wachsen und brechen ab. Die eingefrorene Ampel zeigt ewig rot.

Zum Beispiel die Schwulen mit dem fest in der Kirche integrierten Kreis. Sein Informationsblatt wirbt für eine Jugendgruppe, genauso wie für die Aufdeckung jeder Diskriminierung Homosexueller oder eine Operninszenierung mit homoerotischen Assoziationen. Es berichtet vom Kellner in einer Schwulenbar, der Zärtlichkeiten von Mann zu Mann durch Schläge mit seinem Tablett auf die Köpfe der Partner unterbricht. „Denkbar wären Weiterbildungsmaßnahmen für die Mitarbeiter dieser gastronomischen Einrichtungen mit Vertretern des Staates, die mit der Frage der Integration der homosexuellen Minderheit verantwortlich befasst sind", verlangen die Mitarbeiter des Infos und bieten ein Gespräch darüber an. Doch leider kennen sie keine Stelle, die sich zu dieser Verantwortung bekennt.

Da klingt Bitternis mit. Die Aggressivität in der Gesellschaft Schwulen gegenüber erzeugt eigene Aggressionen. Jemand erzählt von dem Bekannten, der keine Arbeit und Schulden hat, deshalb auf den Strich geht. Jeden Tag zu einer bestimmten Toilette. Er begleicht seine Schulden und will aussteigen. Sie lassen ihn nicht, er sei fest eingeplant. Sie hätten schon einen erstochen, der vom Strich weg wollte, behauptet er …

Und jene Witze über Aids, alles wieder hochspülend, was mühsam an Vorurteilen zurückgedrängt worden ist. Durch zur Toleranz mahnende Artikel, die erfreulicherweise nicht nur in Kirchenzeitungen erscheinen. Die Krankheit selbst begänne in der Szene an Bedeutung zu verlieren, erklärt ein Schwuler. „Wir haben alles hinter uns. In Stockholm sollen Infizierte Amok laufen. Diese Sehnsucht nach Selbstzerstörung spüre ich auch hier, in mir zum Beispiel."

Der Reiz der politischen Losungen, die Ekel erzeugen. Nie bist du allein. Noch die abblätternde Parole erreicht dich als zitternder Zeigefinger.

Tage der Wut. Diese Hauptstadt der Provinz. Aufgeblähte Möchtegernmetropole.

„Ich kann die Autos nicht mehr sehen", sagt ein Mann und steigt in sein Auto.

Die Stadt wie zerknüllt. Wer wird sich die Ohren ausreißen, wenn er Gekreisch nicht mehr hören kann! Eine Tribüne wird mit Soldaten vollgepackt, die kräftig wippen müssen. Als Test, ob der Holzbau bei der Demonstration alle Ehrengäste hält. Straßen, gespickt mit Plakaten. „An Feiertagen kannst du nicht ausspucken, ohne dass jener Speichel, bevor er die Erde erreicht, zweimal fotografiert worden ist", schimpft einer und spuckt kräftig aus.

Schienenersatzverkehr, die S-Bahn fährt wieder nicht. Den Grund kennt keiner der Leute, die sich an der Haltestelle des Ersatzbusses einfinden. Einübung in die Geduld. Der permanente Ausnahmezustand. Die Zahl der Menschen schwillt an. Warten, dass das Warten ein Ende hat. Bis der Erste losbrüllt. Wutausbrüche sammeln – das wäre ein ergiebiges Hobby. „Ich bin ständig wütend. Ich fühle mich wohl in meinem Zorn. Wut tut gut", notiere ich gelangweilt. Und zerknülle den Zettel verärgert, weil immer noch kein Bus zu sehen ist.

Ich eile zur U-Bahn, um nachts die letzte zu erwischen. Steige in einen Wagen, dessen helle Beleuchtung auffällt. Genau wie die freundlichen und gepflegt dreinschauenden Leute. „Sind Sie richtig?", fragt einer. „Das ist für den Film!"

Jemand pfeift, ich stemme im Abfahren die Tür auf, springe raus. Es ruft „Bravo" auf dem Bahnsteig. Vier Schichtarbeiter klatschen. „Die Pisser, sollen mal früh drehen, wenn die Züge vor Leuten auseinanderknacken. Da liegen die im Bett!", flucht einer. „Klar, wenn sie nachts arbeiten", kommentiert sein Kollege trocken.

Spätheimkehrer schwanken auf dem Bahnsteig. Einer nölt aufmüpfig Leute an, dass er aus Deutschland sei. Das hörten wir wohl nicht gern – Deutschland, jawohl! Endlich rollt der Zug ein und trägt uns dem Bett entgegen.

Unerwartete Ereignisse prägen sich ein.

Drei bluesspielende junge Männer auf dem S-Bahnhof.

Ein Hut liegt vor ihnen.

Mit scheuem Interesse mustern sie die Wartenden.

Ich werfe zögernd ein Geldstück in den Hut.

Rasch folgen drei dem Beispiel.

Zwei Kinder beginnen zu tanzen.

Ein Opa schlägt vergnügt seinen Krückstock im Takt gegen die Bank.

IV

Hochsommer. Die Stadt wie hingestreckt.

Ein ermattetes Tier.

Dicke Luft staut sich in der Schönhauser Allee.

Am Abend dauert es Stunden, bis sie abzieht.

Die Vertreibung der Jahreszeiten.

Sie leben nur noch in ihren Extremen fort.

Die eigene Stadt in der Stadt erfahren.

Per Auto, mit dem Rad oder der U-Bahn. Berlin vom Bus aus betrachtet ist ein anderes als das mit der S-Bahn wahrgenommene. Schiff, Motorrad, Straßenbahn – jedes Verkehrsmittel schafft eine andere Perspektive.

Meine Stadt entsteht beim selbstverständlichen Bewegen, nicht beim zielgerichteten Suchen. Sehenswürdigkeiten spielen in ihr kaum eine Rolle, sie wird durch ihre Kontraste geprägt. Der Raum dazwischen als Spannungsraum.

Sich den Ort erlaufen. Der erste Eindruck als deutlichster. Jede Bewegung spricht mehr den Vibrationssinn als den Tastsinn an. Die Stadt herausfordern – mit jedem Schritt, jeder Geste. Keine Suche nach dem Typischen, eher die Extreme hervorkitzeln und erforschen. Bilder prasseln auf mich ein. Teile eines Puzzles, das nie zum fertigen Bild gerinnt.

Die Lücken im Pflaster. Das Schlagloch im Belag.

Jede Straße bietet eine spezifische Art zu stolpern.

Die Stadt glüht.

Schweiß würde zu Pfützen zusammenfließen, wenn er nicht schon auf der Haut verdunstete.

Die Sonne heizt ein. Du bist tapfer, versteckst dich nicht vor ihr. Kaufst eine Zeitung, die an der Hand kleben bleibt. Streifst sie ungelesen an einem Papierkorb ab.

Ein Taxi fährt fast eine Frau an. Der Fahrer ist zu träge, seinen Fuß auf die Bremse zu heben.

Ein Polizist schließt die Augen, dass er die unfallträchtige Situation nicht sehen und eingreifen muss. Ermattet nimmt er seine Mütze ab, fächelt sich Wind zu.

Kein Lufthauch in den Straßen. Nur Autoabgase wirbeln Staub auf.

Du durchwanderst Zweit- und Dritthinterhöfe. Findest den vierten nicht, der hier sein soll.

Mülltonnen verbreiten ihren Geruch. Dass so verschiedene Abfälle einen derart üblen Einheitsgestank ergeben. Die Erinnerung an Seuchen vergangener Jahrhunderte. Ja, hier wäre es möglich, dass die Pest einen neuen Anfang findet. Das stimmt dich erwartungsvoll.

Du willst dich empören gegen solche Gedanken, aber die Hitze dörrt jedes Aufbegehren aus.

An einem Sonntag zwei Stunden mit der Straßenbahn unterwegs sein. Die Leute steigen vor Gaststätten aus oder ein. Dazwischen menschenentleerte Straßen.

Zwei Kinder malen Hakenkreuze. Eines wird mit raschen Strichen als Fenster getarnt.

Ein Mann wischt sich an der vom letzten Feiertag vergessenen Fahne die Stirn ab. Frauen mit vor den Bauch gebundenen Kindern schleppen sich durch die Gegend. Wie deprimierte Kängurus, denke ich und amüsiere mich über den unsinnigen Vergleich.

In der Schliemannstraße lauter abgestellte Kohlewagen. Jetzt könnte ich mir die Taschen für den Winter vollstopfen. Stattdessen verklebt die Luft den Hals. Das Gefühl, nicht mehr atmen zu können.

Alle besuchbaren Freunde sind geflohen. Wie in Gelee sieht man sich herumschwanken. Erstaunt, noch nicht erstickt zu sein. Der Nordpol lockt als Fluchtziel, aber dort sollen die Polkappen auch langsam schmelzen. Das wird die Temperatur weltweit weiter ansteigen lassen.

Der Himmel eitert Licht.

Und die Dunstglocke verfestigt sich. Was läutet sie ein?

Zum Verrücktsein. Unerträglich. Und schön. Ja, alles wirkt derart unausstehlich, dass es reizt. So viel Widerwärtigkeit entlockt Bewunderung. Und während alle diesen Ort verlassen wollen, tappe ich benommen durch die Wüste.

Die leere „Insel der Jugend" in Treptow. Nur drei rüstige Rentner schlendern umher. Von zwei Freiluftgaststätten tönt Musik herüber. Blasmusik und Rockklänge mischen sich im Ohr.

Wer allein sein will, laufe durch den Pionierpark Wuhlheide mit seinen erstaunlich leeren Alleen. Nur auf dem direkten Weg zum Palast, vorbei an Badestrand, Kindereisenbahn und Abenteuerspielplatz, erblickt er Besucher.

Der Pionierpalast geriet nicht so wuchtig wie sein feudaler und gläserner Bruder im Zentrum. Dieser flache, holzverkleidete Komplex beherbergt eine Schwimmhalle für Kinder, Imbissstände, Veranstaltungssäle, zahlreiche gut ausgestattete Räume für Freizeitarbeitsgemeinschaften, die nur für Mitglieder zu betreten sind. Für das zufällig hereinschauende Kind ist ein oft geschlossenes Spielzimmer vorgesehen. Es kann die Gänge entlangschlendern – viel ungenutzter Platz ohne Möglichkeiten zu spontaner Betätigung. Ihm bleibt der Blick in das vielfach angestaunte Kosmonautenzentrum.

Etwas Feierliches geht von dem Gebäude aus und erinnert die Kinder stets an eine besondere Zuwendung, die sie hier erfahren. An den wenigen Sonntagen mit Veranstaltungen für jedermann löst sich die starre Atmosphäre. Bastelstraßen, Spielangebote, Theatergruppen füllen die Eingangshalle, bringen zusammen mit den einströmenden kleinen Besuchern Leben in das Haus der Kinder. Für fünf, sechs Stunden.

Und in Rufweite davon verstecken Büsche den reizvollsten Ort im Park: die vergessene Freilichtbühne, Anfang der Fünfzigerjahre für eine politische Veranstaltung gebaut. Die Weltfestspiele oder das Deutschlandtreffen?

Jetzt sind die Sitzreihen von Pflanzen durchgrünt. Bäume drängen zwischen dem Holz heraus.

Natur überwuchert auf Disziplin bedachte Ordnung. Jede Kundgebung bekäme hier etwas Mildes, Gewachsenes. Der schrille Ton eines Aufmarsches scheint unmöglich.

Zwei Kinder bewegen sich in dem weiten grünen Oval. Sie spielen Römer, die Germanen überfallen.

Dichtes Gras auf der eigentlichen Bühne. Eine Katze schleicht einem Schmetterling hinterher.

Die Verstecke sind ausgeleuchtet. In ihnen findet der Neugierige nur Konkurrenz, die im Verborgenen nach dem Verborgenen sucht. Die Geheimnisse liegen an der Oberfläche, für jedermann sichtbar und deshalb kaum wahrgenommen.

Die Flucht in die U-Bahn.

Ein Mann schleudert seinen Weißkohlkopf in die Luft, fängt ihn schwankend wieder auf. Ein anderer murmelt, dass sein Fernseher kaputt sei, verdammt. Nervös trommeln seine Finger gegen die Haltestange. Entzugserscheinungen. Der metallische Laut erfrischt.

Ich verlasse die Bahn und stehe zwischen Tauben, die überfressen umherhumpeln. Kann ein Schatten einen Schatten haben? Der wievielte Aufguss unterscheidet Wasser nicht vom Tee …

Irre Gedanken kreisen im Kopf. Bis ich auf einem Hocker sitze. In einer Mokkabar das Verschwinden der Hitze erwarte. Selbst die Eismaschinen produzieren Wärme.

„Heute 280 Dias sortiert." Ich zucke zusammen, als der alte Mann mich anspricht. Er nickt mir zu und redet fort: „280, macht Spaß. Mal wieder die ganze Gegend gesehen, in die ich nicht mehr komme." Er bestellt zwei kühle Mixgetränke und spricht von seinen Fingern, die vom Sortieren schmerzen. Und die Augen. So viel zu sehen sei er nicht mehr gewohnt. Wo er überall gewesen wäre!

Ich nicke. Langsam kühlt der Kopf aus. Die Hitze entweicht.

Zwei oft besuchte Straßen, die du in verschiedenen Gegenden der Stadt vermutet hast, fügen sich durch eine Nebenstraße unvermutet aneinander. Zwei für dich getrennte Bereiche der Stadt wachsen plötzlich zusammen.

Die Bahn schaukelt, wenn die Fans hüpfen. „Eisern Union!", brüllt es durch den Zug. Einer will Trophäen machen, dem Gegner mindestens einen Schal entrei-

ßen. Einer schwärmt, sein ganzes Zimmer sei voller Beutestücke, die er Feinden abgenommen hat. „Was", nölt da einer, „ich verbrenne die Fahnen und zertrample die Asche!"

Die S-Bahn hält. Die Fans ziehen Richtung Stadion. Lastkraftwagen der Bereitschaftspolizei flankieren den Weg der Fans Richtung Stadion. Vor dem Eintritt Leibesvisitation, jeder Schnapsverdächtige wird abgeklopft. Die Kontrollierenden gehören selbst zu den Fans und verfehlen den Container nie, in den sie Flaschen und Schlaginstrumente hineinwerfen. Es riecht nach billigem Fusel.

Der Stadionsprecher begrüßt die Gäste und hofft auf eine faire sportliche Auseinandersetzung. Er bittet dringlich, das Werfen von Papierschlangen zu unterlassen. Sofort fliegen Kassenrollen und Toilettenpapier auf den Platz.

Das Spiel beginnt. Das Stadion wippt im Takt der Sprechchöre. „Eisern Union – schlagt die Bullen!" Das erinnert an die alte Feindschaft gegenüber dem vielfachen DDR-Meister BFC Dynamo Berlin, der vom Minister für Staatssicherheit gefördert wird. Der Fußballclub Union verkörpert da eine Mannschaft der Machtlosen, in vergangenen Jahren oft behindert. Ein Club, der in den Vereinen der Vorkriegszeit wurzelt. Ob das die Fans wissen, wenn sie „Deutschland, Deutschland!" brüllen? Der Gesamtberliner Sprechchor „Hey, hey, hey – Hertha BSC!" verschwindet allerdings langsam. Im Gegensatz zu Union, die stark sind wie nie. Keine andere DDR-Mannschaft hat solche Zuschauer, nur jugendliche Fans.

Der Stadionsprecher gibt bekannt, dass ein Schlüsselbund gefunden wurde. Sogleich klappern alle mit ihren Schlüsseln. Polizisten bilden einen Schutzring um die wenigen Anhänger des Gegners. Union-Fans versuchen rouriniert, ihn zu knacken. Das gelingt nach dreißig Minuten. Im selben Augenblick fällt das erhoffte Tor. In den Jubel hinein klatschen die ersten Schläge. Der Lautsprecher mahnt zur Ruhe. Die Sätze ersticken im Gebrüll der Zuschauer.

In Hohenschönhausen wird eine Zehn-Zentner-Bombe aus dem Krieg durch elektronische Zündung gesprengt. Vorübergehend evakuiert man 20000 Einwohner.

Kinder in der Stadt.

Zum Beispiel im Hinterhof. Von 64 Fenstern kann man ihn betrachten. Eine Mauer in der Mitte. Der verkümmerte Baum in dem einen Teil, Mülltonnen, vier Teppichstangen. Kinder breiten auf dem Zementboden Decken aus, bauen aus Pappkartons, Teilen von Kinderwagen, Küchengeräten und Müll ein Fahrzeug zusammen. Sie rufen Ortsnamen, zu denen sie mit ihrem fliegenden Teppich eilen – ich bin verblüfft, dass alte Kinderspiele noch gespielt werden. Später sind sie Raumfahrer, Cowboys, Tiefseetaucher. Die Helden mehrerer Fernsehserien kommen an Bord. Eltern rufen von oben, sie sollen nicht zu laut sein. Zum Meeresgrund dringen ihre Ermahnungen nicht durch.

Kinder werden als Erste vergessen, wenn es um Baumaßnahmen geht. Neue Spielplätze in den alten Vierteln entstehen kaum, durch Lückenbebauung wird Freiraum beseitigt. Toll sind da Häuser, wo sie wenigstens auf den Dachboden dürfen. Oder ein halb zerfallenes Auto, das monatelang herumsteht.

Ein Samstagnachmittag. Der etwa achtjährige Junge in einer jener Verkaufseinrichtungen, in denen man für westliche Währung Waren erwirbt: Er bittet Ausländer um Kaugummi oder Restgeld. Vor allem Araber, die sich Mühe geben, freundlich zu wirken. Einer reicht ihm drei Schokoladentäfelchen. Die Verkäuferin sieht es und ruft: „Schon wieder hier?! Verschwinde endlich! Den ganzen Nachmittag herumbetteln! Traurig ist das."

Ich sehe ihn dann mit zwei gleichaltrigen Freunden in der U-Bahn wieder. Sie turnen im Wagen, klettern geschickt an den Haltestangen bis zur Decke, hüpfen auf Sitze. Steigen nach drei Stationen aus. Lungern auf dem Bahnsteig herum. Oder fahren in einen anderen Intershop. Haben die Eltern nie Westgeld? Betteln sie aus Langeweile? Soll ich das schlimmer finden, als wenn sie das Wochenende vor dem Fernseher absitzen?

Ich freue mich über zwei Knirpse, die ich an einem Winternachmittag treffe. Einer bietet Schneebälle an, zehn Pfennig das Stück. Auf dem Schlitten türmt sich eine Pyramide aus weißen Kugeln. „Sind schön hart!", preist er seine Ware. Ich will trotzdem keinen.

„Dann werfen wir die Bälle auf Sie!", jubeln die beiden.

„Und ich werfe zurück, ziele …" – ehe ich den Satz beende, streift die erste Eiskugel mein rechtes Ohr. Ich fliehe. Von drei Aufschlägen im Rücken kräftig vorwärtsgestoßen.

Die Ortsteile Marzahn, Biesdorf-Nord und Kaulsdorf-Nord werden zur Tollwutsperrzone erklärt. Hunde sind in Zwingern zu halten und Katzen sicher zu verwahren. Durch Tiere verletzte Personen haben sich unverzüglich dem Arzt vorzustellen.

Das Zentrum, die Ränder.

Die Stadt franst aus, zerfließt in Teile, die eigene Städte sind. Und wächst als Hauptstadt weiter. Die Dörfer Malchow und Falkenberg geraten in den Betongriff von Neubaugebieten. Das Haupt wird ausgebaut. Beschädigt man dabei sein Hirn, das Gedächtnis, die Identität eines Ortes?

„Überzeugen Sie sich vom Baugeschehen in Marzahn!", lockt auf dem S-Bahnhof ein Plakat. Ich fahre hin. Der Tag im gleißenden Licht. Als ob einen die Sonne erstechen möchte. Ich will Marzahn gut finden und kämpfe gegen die Vorstellung an, in die Wüste zu fahren. Bei einer der neuen Stationen steige ich aus und laufe los.

Laufe durch Straßen, die nicht zusammenfinden wollen. Ein scharfer Wind erinnert an die Aussage eines Architekten, dass die Windverhältnisse bei der Projektierung vernachlässigt worden seien.

Einer fragt mich nach einer Straße. Ich zucke mit der Schulter. Und merke am nächsten Schild, dass ich in der erfragten bin. Wohnkästen rechts und links. Anfangs beliebte Tauschobjekte für die Altstadt. Zwischen den Gebäuden eine staubige Gegend, die sich bei Regen in ein Schlammbad verwandelt. Für alles ist gesorgt. Fertigteilhäuser, standardisierte Spielplätze, Dienstleistungseinrichtungen, Gaststätten. Bevölkerungsintensivhaltung. Nur Leichencontainer fehlen, der praktische Friedhof im Keller, um Energie beim Abtransport zu sparen. Ob es für Neubaugebiete konzipierte Friedhöfe geben wird?

Ich frage mich, wen ich besuchen könnte, und sehe im Adressbuch nach. Ich kenne zwei, die hierherzogen. Einer will weg, und einem gefällt es. Viermal frage ich nach ihren Straßen. Der Vierte lachend: „Bin froh, wenn ich selbst nach Hause finde."

140

Mancher möchte hier weg, die meisten werden bleiben. Ich gehe zurück zur Bahn. Warum erzeugen diese großzügig angelegten Straßen ein Gefühl von Beklemmung? Was behauptet ein Projektant? Manche Neubauten stünden kreuz und quer, weil man einfach nach dem kürzesten Anschluss des Sammelkanals für Rohre und Leitungen plane, jeder Meter sei teuer. Im Zug Richtung Stadt blättere ich in einer Architekturzeitschrift: „Die Auflösung der Straße im Neubaugebiet, der Ersatz der Weite durch Luftigkeit, ist ein Grund für die erlebte Enge." Isolierung der Gebäude im diffusen Raum, große Abstände dazwischen erschweren das Erleben einer Raumgestalt. „Der Verlust des gestalthaften Raumes ist zugleich ein Verlust an allgemeiner Individualität."

Während der Lektüre trägt mich die Bahn in die Stadt. Zum Zentrum hin werden die Fahrgäste bunter und lauter. Als ich aussteige, zeigen auf dem Bahnsteig zwei Männer meines Alters mit schulterlangen Haaren herablassend auf zwei Punks. Die Außenseiter von gestern verspotten jene von heute.

Weißensee, die Besonderheit Berlins verwandelt sich in die Normalität einer kleineren Großstadt.

Eine Oberschule, der Unterricht ist zu Ende. Autos in einer Schlange, ihre Fahrer lehnen lässig an der Tür. Als Frauen verkleidete Schülerinnen fliegen auf ihre als Autobesitzer posierenden Freunde zu. Ich schlendere zum „Faulen See". Ein Mann im Trainingsanzug umkreist ihn im Dauerlauf. Ich denke an den riesigen jüdischen Friedhof, durch den nun keine Straße betoniert wird. Die Autos werden an ihm vorbei nach Hohenschönhausen rasen.

Die Grenze, egal, wohin ich gehe.

Bei früheren Besuchen in Berlin spürte ich ständig die Angst, ein Sperrgebiet zu betreten. Meiner Gewohnheit, in einer Art wachem Halbschlaf durch Straßen zu schlendern, waren deutliche Schranken gesetzt. Unruhig und zögernd ging ich zu einem Gespräch auf das Gebäude der Schallplattenproduktion zu. Obwohl es in beeindruckender Nähe zum West-Berliner Reichstag schien, kam ich problemlos an. Selbstsicher ging ich Tage darauf zum Haus eines christlichen Verlages. Und wurde vom Wachhabenden zurückgewiesen, Einlass

nur mit Sondergenehmigung. Diese halbe Stadt und doch ein neues Ganzes.

Was wäre sie ohne den westlichen Anbau! Diesen Resonanzraum, der unserem Teil zum eigenwilligen Klang verhilft. Der den Ehrgeiz anstachelt, etwas Besonderes zu sein.

Die Grenze heißt offiziell „antifaschistischer Schutzwall". Niemand nennt sie so, selbst die Offiziellen beginnen von „der Mauer" zu reden. Dabei ist, was als Mauer begann, längst keine mehr – der Begriff „Schutzwall" fängt mehr von der Aura jener meterbreiten, mit verschiedenartigen Hindernissen gespickten, von Postentürmen markierten, Jahr für Jahr ausgebauten Befestigungsanlage ein. Je perfekter sie wird, desto verniedlichender wirkt das Volksmundkürzel. Die Leute müssen sich das bedrohliche Ding verkleinern, überschaubar machen, um bequem damit leben zu können. In Ost wie West.

„Hat", fragt mein Sohn, vier Jahre, „Dornröschen auch eine Mauer? Ist in Berlin hinter der Mauer ein Schloss? Warum blühen da keine Rosen? Hat die Mauer Dornen? Warum gibt es nicht in jeder Stadt Grenzen? Welche Sprache reden Soldaten? Sind das Menschen oder so was wie Ritter? Ich befreie Dornröschen. Der Prinz ist ein Soldat und küsst das schöne Kind mit der Kanone. Ich haue die Mauer einfach kaputt. Bekomme ich einen richtigen Hammer?"

Und immer wieder die Grenze. Ein geheimnisvoller Magnetismus geht von ihr aus. Ein Reiz, unabhängig von politischer oder moralischer Deutung. Politisch verstand ich den Bau der Mauer, moralisch entrüstete ich mich – eigentlich geht beides an dem vorbei, was sie heute bedeutet: die zu Stein verdichtete Form eines gesellschaftlichen Widerspruchs. Natürlich ist das Ding pervers, aber es zeigt seine Krankheit und verbirgt sie nicht verklemmt. Der Verlust dieses Bauwerks würde das Leben hier ärmer machen. Und wenn nur die Wut darauf abhandenkäme.

Und nicht nur die ist es. Die Mauer als Motor, der permanent Spannung erzeugt. Sie fordert heraus, zwingt vieles Alltägliche, sich seiner Oberflächlichkeiten zu entschälen, um auf den Kern zu kommen – möge er auch schwer genießbar sein.

Dieses Messer der Geschichte, rabiat einen Ort entzweischneidend, der sich zu mehr auswuchs als den Hälften jener vorher existierenden Stadt. Im Moment der Trennung waren beide Teile am Auseinanderfallen, sodass die Mauer sie zusammenfügte.

Ein Reißverschluss. Der Kitt von Ganzberlin. Ihr Name als Metapher für etwas, das eine spröde Hoffnung enthält. Abgrenzung wird nur für nötig erachtet, wo sich Dinge zu vermengen drohen.

Der Tag, an dem die Mauer unbemerkt abgebaut wurde. Die Posten sind abgezogen, Grenzfälle stehen noch – ein Zaun mit Pforten, die jedermann öffnen und durchschreiten könnte. Nur gibt das niemand bekannt. Wie lange dauert es, bis die Menschen ihre neue Möglichkeit begreifen?

Sie spricht mit ihm. Er ist bei ihr. Ein Kabel verbindet das Paar. Sie will dorthin, er will zurück. Über die Grenze hasten Stimmen, berühren des andern Ohr, und zweimal ein Mund, der vom Kommen / Gehen / Bleiben spricht. Vor kurzem Bürger eines Landes noch, eint sie nun Ohnmacht. Am Telefontropf hängt ihr Leben.

Unmöglich, über das Sich-Bewegen in dieser Stadt zu schreiben und das Sich-Fortbewegen aus Stadt und Land zu ignorieren. In den letzten Monaten siedelten wieder ein paar Tausend über, das geht schubweise, damit die Lager im Westen verstopfen und die Möchtegernbundis mehr Gründe haben, über Wartezeiten und Bürokratie zu jammern. Das soll per Telefon oder Brief geschehen und Nachfolger in der DDR abhalten. Aber in jenen Städten und Freundeskreisen, in denen die meisten ausgereist sind, wollen weiter die meisten ausreisen …

Ihre Gründe? Vielschichtig und diffus sind sie, je nach Erfahrung, Haltung und Mentalität variieren sie nochmals. Die benannten sind nicht die gefühlten Gründe. Ausgesprochen verlieren sie ihre düstere Unermesslichkeit, halten einem rationalen Hinterfragen oft nicht stand. Und der blattgoldene Westen lockt. Selbst die Möglichkeit, total zu scheitern, reizt, wenn man von ihr ausgeschlossen wird.

Das geschieht aus Fürsorge, die Regierung will das Beste für ihr Volk, in seinem Interesse bewahrt sie es

vor unkontrolliertem Besuch von Ländern, deren Regierungen ihre Bürger nicht so innig umhegen. Der Bürger fühlt sich als Kind, das man mit dem Argument festhält, es könnte versehentlich mit dem Kopf gegen eine Mauer stoßen. Und das täte schrecklich weh. Das möchte der wiederholt Belehrte schließlich erproben – und wird fester umklammert, zu seinem Schutz. Und in ihm wächst der Wunsch, sich den Kopf an Mauern blutig zu stoßen …

Der Westen als das andere, die unbekannte Zone, in die alle Fantasien projiziert werden. Der gelbliche straßenlose Fleck auf hiesigen Stadtkarten stellt die Konzentration jener im Ungekannten verkörperten Hoffnung dar. Ich kenne Leute, die sich nicht in die für provinziell gehaltene Bundesrepublik sehnen, sehr wohl aber nach West-Berlin.

Nur wer jene, die wegwollen, versteht, hat die Souveränität zum Bleiben aus freiem Entschluss. Alle Durchhalteparolen sind Krampf – das Jammern, was aus dem Land werden soll, wenn alle gehen. Wer aus Trägheit oder Verbissenheit bleibt, ändert sowieso nichts mehr.

Antennen, in den Himmel gereckte Wurzeln, um die Welt einzusaugen. Sie wird im Fernsehapparat konserviert. Du sitzt bequem im Sessel, Ost und West einen Knopfdruck voneinander entfernt.

Eine Frau in der Bahn spricht mich an, als ich eine Seite zerreiße und in den Abfallbehälter stecke. Ob das sein müsse, ob ich sie nicht als Altpapier wegbringen könne. Sie hätte im Fernsehen wieder die sterbenden Wälder gesehen, das sei ja schrecklich. In dreißig Jahren gäbe es kein Papier mehr. Und keinen Wald.

Ich stimme ihr zu, schließe schuldbewusst die Klappe des Kastens und meine, dass ich Zeitungen gebündelt wegschaffe.

„Ja", sagt sie, „in dieser Beziehung sind wir zufällig weiter. Und die anderen Probleme, allein das Wasser, die Radioaktivität, es ist alles so entsetzlich."

Ich nenne die Luftverschmutzung. Als vorletzten Winter im Ruhrgebiet tagelang Smogalarm war, soll der Schadstoffgehalt in Halle viermal so hoch gewesen sein. Ein Bekannter erfuhr es von einem, der dort bei einer Behörde arbeitet. Es wäre unverantwortlich gewesen, Menschen auf die Straße zu lassen.

„Ja", spricht leise die Frau, „bei einem Ehepaar ist das Kind gestorben. Über Nacht erstickt."

„Pseudokrupp?"

Sie nickt. „Ärzte beruhigten die Eltern, sie könnten nichts dafür. Bei bestimmten Reizstoffen in der Luft bekämen veranlagte Kinder Anfälle."

Ich spreche von zwei Todesfällen in meinem Bekanntenkreis. Und wir tauschen Gruselanekdoten. Und verstummen betroffen.

Der Traum vom Erdrutsch, der die Straße in den Westen abdriften lässt. Wieso erinnerst du dich nicht, ob es ein Alb- oder Wunschtraum war?

Ein anderes Mal das Erwachen in der Gewissheit, euer Haus sei als Enklave an den Westen verkauft. Eine devisenträchtige Methode, Ausreiseanträge zu bearbeiten.

Die Exklusivität einer Wunde, die nicht heilen darf. Schmerz, der Leben entfacht und Würde verleiht.

Ein Hauch von Welt ist eine Brise aller Probleme. Es gibt fast alles hier, was es im Westen gibt, nur versteckter oder ganz verborgen. Man könnte skandalöse Details summieren und entlockte dem Leser ein gehöriges Erstaunen. Oder die Bestätigung alter Vorurteile.

Doch diese Geschichten werden in einem Ton empörter Zufriedenheit erzählt, der sich beweist, nicht ganz ausgeschlossen von der Welt zu sein. Wir haben auch unsere Mörder, Rauschgiftsüchtigen, kleinen und großen Kriminellen. Wir leben also nicht ganz hinter dem Mond.

Das Trinkwasser verseucht? Ein Neubau versackt im sumpfigen Boden? In der Klinik darf der Schrank mit den Westmedikamenten erst bei unmittelbarer Todesgefahr geöffnet werden? Aha, das Leben ist nicht so langweilig hier, wie es das manchmal zu sein scheint. Gefahren regen die Fantasie an. Süchtig nach Negativem löst eine Horroranekdote die nächste ab. Mit heimlichem Vergnügen werden Katastrophen geschlürft.

Und wer das Leben mehr liebt als imaginäre Sicherheiten, nimmt das als erfrischende Dusche.

Die Stadt im Regen.

Ein Mann fährt auf seinem Fahrrad vorbei, mit der einen Hand hält er den Lenker, mit der anderen einen aufgespannten Schirm.

Die Dinge verwischen sich in dieser wolkenüberschwemmten Welt.

Saurer Regen, ach wie süß. Ich trete in den Hauseingang, hole den Notizblock hervor, Wasser fällt auf das Papier. Es färbt sich leicht grün. Gift oder ein gutes Zeichen?

Das interessiert drei Kinder nicht, die durch zwei Pfützen stapfen. Auf der Suche nach den tiefsten Stellen.

Und ein Auto grüßt mit einem kräftigen Spritzer.

Nachts als einziger Gast in einem Straßenbahnwagen. Ich bezahle, weil keiner da ist, der mich kontrolliert, ob ich bezahle. Die Bahn fährt an.

Eine angenehme Trägheit geht in behutsame Neugier über. Schon die ersten Straßen scheinen fremd. Stimmt die Richtung? Ja, diese Straße kenne ich. Wahrscheinlich. Das Schild „Veränderte Linienführung!" deutet Überraschungen an. Für jemand mit Zeit der beste Verkehrsweg, die Stadt kennenzulernen.

Ich blicke in mein Buch und lese einen Satz, der mich so begeistert, dass ich nicht weiterlesen will. Zweimal hält der Wagen, keiner steigt ein.

Es ist spät, ich sitze in der letzten fahrplanmäßig eingesetzten Bahn. Als ich das denke, merke ich, dass sie sich zu lange nicht mehr bewegt hat, um an einer Haltestelle zu warten. Ich sehe durch die Glasfenster, dass der Fahrer das Gefährt verlassen hat.

Ich gehe im Wagen umher, der hell erleuchtet im Dunkeln steht. Außer mir niemand in dem langen Saal, der an ein Verkehrsmittel erinnert. Ich blicke nach draußen und erkenne nichts.

Ich steige aus, ein wenig enttäuscht, da sich die Türen ohne Weiteres öffnen lassen. Abstellgleis? Wendeschleife? Ein unbekanntes Land, in das ich versehentlich gelangte?

Ich bin froh, mich in dieser Stadt noch verirren zu können. Und wähle heiter eine dunkle Seitenstraße. Und glaube einen Moment, nie mehr zurückzufinden.

Harald Hauswald, geboren 1954 in Radebeul, lebt seit 1978 als Fotograf in Berlin. In den 80er-Jahren arbeitete er für die Stephanus-Stiftung, 1990 gehörte er zu den Gründungsmitgliedern der OSTKREUZ Agentur der Fotografen in Berlin. Hauswald veröffentlichte Fotoreportagen in „European Travel & Life", „GEO", „Stern" u. a., darüber hinaus zahlreiche Fotobücher, zuletzt „Voll das Leben" (2020). Werkausstellung bei c/o Berlin (2020/21), Präsentationen in den USA und Chile. 1997 erhielt er das Bundesverdienstkreuz, 2006 wurde er mit dem Bürgerpreis zur Deutschen Einheit ausgezeichnet.

Lutz Rathenow, 1952 in Jena geboren, lebt seit 1977 in Berlin, schreibt Lyrik, Prosa, Kinderbücher und Stücke für den Rundfunk. Zu DDR-Zeiten zahlreiche Veröffentlichungen nur im Westen. Rathenow galt als Netzwerker zwischen literarischen und oppositionellen Szenen und arbeitet oft mit Künstlern zusammen, eng mit Harald Hauswald. Davon berichtet „Trotzig lächeln und das Weltall streicheln. Mein Leben in Geschichten" (2022), jüngste Veröffentlichung ist „Zangengeburt. Reloaded" (2026). Literarische Auszeichnungen, darunter den Jörg-Mauthe-Literaturpreis (Wien, 1989) für den Text aus „Ost-Berlin".

Ilko-Sascha Kowalczuk, promovierter Historiker, wurde 1967 in Ost-Berlin geboren. Sein wissenschaftliches Interesse gilt vor allem der Geschichte des Kommunismus und der DDR. Er verfasste zahlreiche Publikationen zur Geschichte der DDR, u. a. „Endspiel. Die Revolution von 1989 in der DDR" (2009), „Walter Ulbricht" (2 Bände, 2023 und 2024), „Freiheitsschock" (2024) und „Die neue Mauer" (2025, mit Bodo Ramelow). Seit 2025 ist er wissenschaftlicher Berater der Geschäftsführung des DDR Museums in Berlin.

Jan Josef Liefers, 1964 in Dresden geboren, lebt als freischaffender Künstler in Berlin. Nach einer Tischlerlehre am Staatstheater Dresden studierte er an der Hochschule für Schauspielkunst Ernst Busch in Berlin. Dem Publikum ist der Schauspieler, Musiker, Regisseur und Produzent aus zahlreichen Kino- und Fernsehfilmen, nicht zuletzt durch seine Rolle als Gerichtsmediziner Professor Boerne in der TV-Serie „Tatort", bekannt. 2009 erschien sein autobiografisches Werk „Soundtrack meiner Kindheit".